康震讲

诗仙李白

康震 著

中华书局

图书在版编目(CIP)数据

康震讲诗仙李白/康震著. —北京:中华书局,2018.1
(2021.3 重印)
ISBN 978 - 7 - 101 - 12866 - 6

Ⅰ.康…　Ⅱ.康…　Ⅲ.李白(701 ~762) - 人物研究
Ⅳ.K825.6

中国版本图书馆 CIP 数据核字(2017)第 251536 号

书　　名	康震讲诗仙李白
著　　者	康　震
责任编辑	陈　虎
出版发行	中华书局 (北京市丰台区太平桥西里 38 号　100073) http://www.zhbc.com.cn E - mail:zhbc@zhbc.com.cn
印　　刷	北京瑞古冠中印刷厂
版　　次	2018 年 1 月北京第 1 版 2021 年 3 月北京第 9 次印刷
规　　格	开本/710×1000 毫米　1/16 印张 14¾　插页 10　字数 160 千字
印　　数	72001 - 92000 册
国际书号	ISBN 978 - 7 - 101 - 12866 - 6
定　　价	39.00 元

目录

序

《中国诗词大会》火了！

一时间，人人争说诗词好，诗词魅力不得了。我很荣幸，参与了《诗词大会》的策划与现场点评，切身感受到亿万观众重温中华诗词的巨大热情。这热情，点燃了每个人内心的诗词世界，也点燃了弘扬中华优秀传统文化的燎原之火。

中华诗词是中华文化最优美的篇章，中华诗人是中华民族最深情的歌者。我认为，无论新兴传媒多么发达，要真正深入了解诗人、理解诗词，根本之道还是要下笨功夫读书。只有一行行、一页页地认真读，反复看，才能记得准、记得牢、记得久，才能将那些优美深情的诗词刻在心里、融入血脉、化为基因。

阅读的过程，也是体验的过程，更是与诗人们面对面举杯小酌、谈心交心的过程：李白是一阵清风，只要他愿意，便可飞越重重关山，飞向他想去的任何方向；杜甫是一条长河，蜿蜒曲折，波澜壮阔，承载着不尽的忧思和希望；韩愈是一柄宝剑，利刃出鞘，无所畏惧，锋芒所及，披靡所向；柳宗元是一叶孤舟，在浪涛汹涌中起落沉浮，但从不曾放弃自己的执着与立场；欧阳修是一座大山，山间林泉磊落，万木竞秀，生机勃发，郁郁苍苍；苏洵是一株老树，根深叶茂，繁密成荫，在他的近旁，新松茁壮，材堪栋梁；曾巩是一方青砚，纯正坚实，温润如玉，尺寸虽小，墨韵悠长；王安石是一团烈火，敢于烧毁一切落后陈腐，意志坚定，勇于担当；苏辙是一座火山，表面沉静，内心炽热。为人谦和敦厚，为政刚柔并济，处置有方；李清照宛如一枝腊梅，芳香宜人，端庄淡雅，看似柔弱如花，实则骨气刚强；至于苏轼，很难用一句话来形容，他是“秉性难改的乐天派，是悲天悯人的道德家，是黎民百姓的好朋友，是散文作家，是新派的画家，是伟大的书法家，是酿酒的实验者，是工程师，是假道学的反对者，是瑜珈术的修炼者，是佛教徒，是士大夫，是皇帝的秘书，是饮酒成癖者，是心肠慈悲的法官，是政治上的坚持己见者，是月下的漫步者，是诗人，是生性诙谐爱开玩笑的人”（林语堂《苏东坡传》）。

我常常想，如果我的身边有这样一群诗人、朋友，我会成为一个怎样的人？我会拥有怎样的人生？

古诗云：年年岁岁花相似，岁岁年年人不同。《中国诗词大会》，像传承中国诗词文化的锦绣繁花，年年都在春节这个中国人最幸福、最重要的时刻，在全家人、全村人、全县人、全国人的面前美丽绽放。我相信，每个中国人，都会由衷点赞《诗词大会》。因为我们都是中国诗词的忠实粉丝，不论我们身在何方、身处何时，只要心头浮现那些经典诗句，我们就会露出会心的微笑，即便远隔千山万水，也能从诗词中感受到浓浓的亲情、友情与爱情，也会分享到深深的惬意、美意与诗意。中华诗词，就这样陪伴着我们，成就了每个人的生长、生活与生命。

衷心感谢每一位翻开这本书的读者。这 10 册小书，是我研读诗人、诗词、文章的一点心得，不揣浅陋拿出来与大家分享，希望大家喜欢。书中错谬、不足之处难免，也请多提宝贵意见。感谢您分享我的文字和感受。我们可能并不相识，但从这一刻起，我们开始相遇相识，因为我们拥有共同的理想与朋友：中华诗词。

康震

2017 年 7 月 1 日

第一章 身世家世

李白虽然是名满天下的大诗人，可是由于生前没有人为他树碑立传，李白自己也没有写过详实的自传，因此对于李白的身世家世，至今仍存在着很多谜团。他的出生地、他的家世渊源、他的婚姻生活、他的后人身归何处等问题都成为后世不断言说之谜，这也使得他的人生充满了神奇色彩。

一、李白的出生地在哪里？

李白究竟出生在什么地方，学术界历来的说法都不一致。有人说他生于中亚碎叶，有人说他生于四川，有人说他生于今新疆库尔勒焉耆一带，还有人说他生于长安。在这些观点中，最具代表性的有两种，即四川江油和中亚碎叶。

支持李白出生在四川的一方主要有李阳冰和魏颢，他们分别在《唐李翰林草堂集序》和《李翰林集序》中声称李白于唐中宗神龙初年（705 年左右）出生于四川。这二人都与李白打过交道，李阳冰是李白的族叔，并在李白去世前接受嘱托整理遗作，他所记述之事也许就是李白口授之语。而魏颢一直是李白的崇拜者，李白对他也非常信任，按理说他们提供的应该是第一手资料，值得信赖，但这个说法却与李白本人的说法存在矛盾。李白在《为宋中丞自荐表》中说："臣伏见前翰林供奉李白，年五十有七。"这个自荐表作于唐肃宗至德二载，也就是 757 年，据此推算，李白出生于武则天武周时期的大足元年，也就是 701 年，到神龙年间李白已经五岁了。这就与李阳冰、魏颢的说法出现了矛盾，可见李白出生于四川的观点并不是那么靠得住。

至于李白出生碎叶一说，主要证据是中唐文人范传正。他非常崇拜李白，给李白重新整修墓碑，撰写《唐左拾遗翰林学士李公新墓碑并序》，碑文中提到："公名白，字太白，其先陇西成纪人。……

约而计之，凉武昭王九代孙也。隋末多难，一房被窜于碎叶，流离散落，隐易姓名。”值得一提的是，范传正的碑文是在见到了李白儿子伯禽的亲笔记录之后而作，而作为李白最亲的人，伯禽不太可能随意编造自己父亲的出生地，因此，李白出生于碎叶这种说法更可靠一些。因此，学术界现在一般都比较认同李白出生在当时唐代的安西都护府所管辖的碎叶城。这个碎叶城现在已经不在中国境内了，而是在吉尔吉斯斯坦共和国首都比什凯克以东的托克马克市附近，现在那地方还有一个碎叶城遗址。

那么，为什么他的名字称为“白”，字太白呢？李阳冰在《唐李翰林草堂集序》中说：“复指李树而生伯阳，惊姜之夕，长庚入梦，故生而名白，以太白字之。世称太白之精，得之矣。”大意是说，母亲生他时，梦见太白金星，所以给他起名白，取字太白。李阳冰的这段记录很可能就出自李白之口。

李白的出生与老子的出生情景极为相似：“老子……其母感大星而有娠……母到李树下生老子，生而能言，指李树曰：以此为我姓。”（《艺文类聚》卷 78《灵异部上》）都是梦见大星而受孕，都是指李树而生产。

这究竟是怎么回事？

原来，唐朝皇帝为了神化政权，声称是老子李耳的后裔。李白自许为李唐皇室宗亲，附会老子李耳的所谓“神迹”，自然也就不难理解了。李白是太白金星的化身，这个说法现在看起来很是荒谬，但却得到了时人的认可，连一些名人也不例外。李白第一次去长安，见到了贺知章，贺知章看到他所写的《蜀道难》，惊呼他不是凡世之人，而是天上的太白星精。李白有一首诗《胡无人》：“云龙风虎尽交回，太白入月敌可摧。敌可摧，旄头灭，履胡之肠涉胡血。”他毫不客气地自我炫耀，认为自己像太白星侵蚀月亮一样，能够在“安史之乱”中痛击乱军，李白自己也似乎认为自己就是太白金星转世。

二、李白真的比唐玄宗高两辈吗？

李白说他自己是陇西成纪人，就是甘肃的天水一带，自称是西凉时期凉武昭王李暠的第九世孙。李白在《赠张相镐二首》其二中说："本家陇西人，先为汉边将。功略盖天地，名飞青云上。"汉代的飞将军李广有一支后裔定居陇西成纪，李暠是李广的第十六世孙。他在敦煌、酒泉一带拥军自立，号为凉公，死后国人加谥号为"武昭王"。

李唐皇朝的皇帝们的祖先也是李暠，唐高祖李渊就是李暠的七世孙，唐玄宗李隆基是李暠的第十一世孙，如果这么算起来，李白的辈分很高，唐玄宗还得管李白叫族爷爷。可是根据李白跟很多李唐宗室贵族的交往来看，他经常以族叔、族兄、族弟、族侄等称谓来称呼对方，从这个称呼中可以看到，李白自己将这个辈分也排得很乱。比如说，他有时候称呼一个人为兄，实际上他比这个人还要大两辈；他有时候称呼这个人为叔，实际上他比这个人可能还要大四辈。最具有典型性的就是李阳冰了，按辈分排列，李白应与李阳冰同辈，但是他却称李阳冰为"族叔"，把自己降低了一辈。

为什么会产生这种现象呢？这可能是因为李白的家族在迁徙的过程当中，家谱或者是族谱有遗失的现象。

根据李白在《上安州裴长史书》中的自述，李暠去世后，他的儿子李歆即位，但是很快被另一个军阀势力沮渠蒙逊击败。李歆的弟弟李恂，自称冠军将军、凉州刺史，后来也被沮渠蒙逊所杀。李白家族的一支就在这个时候流落到长安渭水一带。到了他的六世祖的时候，又迁徙到了碎叶城，李白就是在碎叶城出生的。随后又跟随他的父亲迁徙到了四川。在经历了如此波折的迁徙之后，族谱遗失的可能性非常之大。所以即使李白自己清楚他就是凉武昭王的九世孙，但是具体说到他跟谁辈分大、跟谁算辈分小，由于家谱和族谱没有了，没有文字上的证据，就容易发生混淆。也许正是这个原因，李白与唐皇室之间始终没能建立起合法的宗亲关系，一直没有能够得到唐朝宗正寺、也就是皇家档案馆的确认，那档案馆里始终没有他的名籍。

李白其实有机会列入皇家档案馆。唐玄宗天宝元年（742），玄宗听从官员李彦允的建议，将李暠之后绛郡、姑臧、敦煌、武阳等四公子孙列入宗正寺，换句话说，属于这四公子孙的，就是皇上正式的亲戚。当时李白就在长安，并得到唐玄宗的器重，而他在天宝三载离开长安后，也曾与李彦允一同去北海学道，二人关系很密切，因此如果他有正式的、具有法律效力的证明材料或者系统的家谱族谱的话，是肯定能够列入宗正寺的，之所以没有被列入，缺少必要的证明材料应该是其中一个重要原因。

这样看起来，李白的家世无非有两种可能：一、李白这一系家族的确是李暠的后代，但是由于他们往返迁徙，家谱族谱遗失不存，难以自我证明，李白自己也不大说得清楚；二、李白家族出于某种政治目的，攀附皇亲，假托李暠之后。因为在唐朝有这个风气，大家都喜欢攀龙附凤，姓李，我就说我们家就是陇西成纪人，是凉武昭王的后代。但我觉得李白假冒攀附的可能性不大。因为李白在世的时候，与一些李唐皇室宗亲贵族交往比较密切，诗文中常常与他们称兄道弟，论资排辈，但也没有任何人、任何证据表明，曾有人质疑、揭露、告发李白的真实身份。在缺乏更进一步的证据之前，我们只能暂且相信李白的自述，认为他是凉武昭王的后代，是李唐皇室的宗亲。

讲完李白的祖先家族谱系，再说说李白的父亲。李白父亲的名字很难确知，身份也不确切。有人说他是个县尉，有人说他是商人，有人说他是侠客，有人说他是隐士，我们只知道当地人称呼他为“李客”。范传正《唐左拾遗翰林学士李公新墓碑并序》中说：“父客以逋其邑，遂以客为名。高卧云林，不求禄仕。”就是说李白的父亲因为避难、避仇逃到四川，担心招惹是非，于是待在绵州昌隆县青莲乡这个小地方隐居起来，不求仕宦。既然是隐居，所以他没有留下自己真实姓名，只知道叫客，是当地人称呼他的，因为对当地人来讲他就是客人。

李白小的时候，李客曾教他读司马相如的《子虚赋》，李白曾在《秋于敬亭送从侄耑游庐山序》中说："余小时，大人令诵《子虚赋》，私心慕之。"这样看起来，虽然他们家一度生活在西域地区，受到西域的文化、突厥文化的影响很深。但是总的来说，李白的家庭、李白的父亲毕竟是中原人士，对中原的文化，尤其是中原的传统古代文化了解很多。这对李白的影响也是很大的。

三、李白为何做倒插门女婿？

李白在四川生活了近二十年，遍游蜀中山川。唐玄宗开元十二年（724），二十四岁的李白走出巴蜀，开始了游历天下、施展抱负的路途。李白沿长江水路东下，从清溪（今属四川乐山）出发，经渝州（今重庆市）、荆门东下，过今湖北江陵、湘南洞庭、江西庐山，到达金陵（今江苏南京），又到广陵（今江苏扬州），最后落脚在今浙江绍兴地区。

两年的时间，他几乎游遍了长江中下游的大部分地区。在扬州，他"不逾一年，散金三十余万"，花了三十多万钱，这说明他出川的时候带了一大笔钱。可是钱再多也有花完的时候，所以等到他从浙东地区返回来的时候，身上的钱财已所剩无几。在《淮南卧病书怀，寄蜀中赵征君蕤》一诗中，他说：

吴会一浮云，飘如远行客。
功业莫从就，岁光屡奔迫。

良图俄弃捐，衰疾乃绵剧。
古琴藏虚匣，长剑挂空壁。
楚冠怀钟仪，越吟比庄舄。
国门遥天外，乡路远山隔。
朝忆相如台，夜梦子云宅。
旅情初结缉，秋气方寂历。
风入松下清，露出草间白。
故人不可见，幽梦谁与适。
寄书西飞鸿，赠尔慰离析。

这首诗大约作于开元十四年（726）。诗中慨叹光阴易逝、功业难成，并抒发了自己病中思乡的情怀。这首诗的格调非常萧索，神情落魄，正是他精神上、经济上陷入窘境的写照。也就是在这一年，二十六岁的李白来到安州（今湖北安陆）。在这里，他娶妻生子，结束了单身生活。

开元十五年（727），李白跟许氏结婚。许氏的祖父叫许圉师，是当年唐高宗时期的宰相，许圉师的父亲许绍曾与唐高祖李渊为少年同学，是高祖、太宗朝的重臣。开元十五年前后，许圉师已经去世多年。但是不管怎样讲，许氏家族算是一个权贵之后、相门之后。

李白跟许氏的结婚，符合当时唐代知识分子一般的择偶观念。唐代知识分子在政治生活当中有两个重要的主题：一个是婚；一个是宦，就是做官的意思。对于唐代知识分子而言，迎娶的妻子最好是名门之女，不然会被人看不起。当时知识分子结婚娶妻，主要是瞄准五大望族：清河、博陵崔氏，范阳卢氏，赵郡、陇西李氏，河南荥阳郑氏，还有太原王氏等等。如果能与豪门望族攀上亲戚，会对以后的政治发展有很大的帮助。许氏当然不是豪门望族，只不过因为她爷爷做过宰相，算是一个权贵之门，但是对李白来讲，这也行。看起来在注重姻亲和仕途的时代氛围下，李白也不能免俗。

然而李白并非将许氏迎娶回家，他是入赘到许家，做倒插门的女婿："许相公家见招，妻以孙女。"（《上安州裴长史书》）这在当时是不寻常的举动，一般的知识分子不会这么做，但是李白这么做了。我们推测，李白这么做可能是受到了西域地区突厥文化的影响，也许在异族文化观念中，对于男方入赘女方家的行为并不介意。但是反过来再一想，连武则天都能当皇帝，李白做回倒插门女婿也没什么了不起。如此看来，李白入赘，一方面有他自身深受异族文化、思想影响的原因；另一方面也是由于整个唐代社会的思想观念比较开放。李白当时经济处境的确也是较为窘困，必须依靠许家这样的大家族才能继续宦游的生涯。

婚后他们住在哪儿呢？住在安陆的白兆山桃花岩，这名字很浪漫。结婚后许氏给他生了一儿一女，儿子叫伯禽，女儿叫平阳。在安陆，他的家庭生活看来很不错："三百六十日，日日醉如泥。虽为李白妇，何异太常妻。"（《赠内》）他在诗中使用了一个典故：东汉太常卿周泽病卧斋宫，妻子去看望他，他却认为妻子冒犯了斋禁，将其投入监狱。当时人认为周泽不懂得维护夫妻感情，作歌说："生世不谐，作太常妻。一岁三百六十日，三百五十九日斋，一日不斋醉如泥。"李白这首诗无非是说自己开怀畅饮，不免冷落了妻子，但诗意的重心在于畅饮，而并非冷落。题目本是《赠内》，可见是顺手拈来周泽的典故与妻子开小小的玩笑，恰恰说明他们夫妻之间感情深厚、关系融洽。

然而这段婚姻持续的时间并不算长。李白四十岁左右，也就是结婚十年后，许氏去世了。李白作为入赘女婿，不便继续在许家养育子女。而且根据李白这一时期所作诗文判断，他与安州当地官员关系不睦，似乎还得罪了不少人。所有这些原因，促使他不得不迁居他乡。许氏的去世对李白来说是一个家庭悲剧，但也成为他新生活的开始。

李白决定把家迁到哪儿去呢？迁到东鲁兖州地区，也就是山东兖州，时间大约是开元二十八年（740）左右。天宝元年，也就是李白四十岁左右的时候，他接到唐玄宗召他进京的诏书，所以不得不赶紧安排、安顿他的一儿一女。李白给儿女写了一首诗《南陵别儿童入京》，就像留言一样，说："呼童烹鸡酌白酒，儿女嬉笑牵人衣。"我们能从这诗里看出当时他的孩子还很小，他要走了，这一双儿女笑着牵着他的衣服，还不太懂得父亲要离开家，不太懂得悲伤。那么许氏去世以后，李白的家庭生活是怎么安排的呢？

有一段时间，他把儿女安顿在了安徽的宣州，后来又托人将子女接到东鲁兖州，直至李白在李阳冰家去世之前，他的子女一直在东鲁地区。

关于他这一段时间的感情生活，魏颢在《李翰林集序》里谈到了这点，这也是我们现在能依据的很重要的一条材料，他说："白始娶于许，生一女一男，曰明月奴，女既嫁而卒。又合于刘，刘诀。次合于鲁一妇人，生子曰颇黎。终娶于宗。"

什么意思呢？李白最初娶许氏，许氏给他生有儿子伯禽，女儿平阳，"明月奴"很可能是伯禽的乳名，这一点后面我们会谈到。"合于刘"，是指李白在许氏去世之后，曾与一刘姓女子住在一起。值得注意的是，这里没有说李白"娶"刘氏，说明李白与刘氏不过是一种准婚姻关系、同居关系。"刘诀"，后来两个人分手了，刘氏没有生育子女。"次合于鲁一妇人"，李白后来又在东鲁与一名女子同居，这位东鲁女子给李白生育了一个孩子，取名颇黎。最终，李白娶了第二任正式夫人宗氏。

前文提到李白将子女暂时安顿在宣州南陵，后来又安顿在东鲁。现在看起来李白虽然去了长安，但还是一直有女子来照顾他的孩子，只不过李白的情感生活并不顺利，这个刘氏看来是跟他感情不和，很快分手了。这个东鲁的女子给他生了一个孩子，也许他们的感情还不错，但是李白的诗文里没有具体说他们到底是怎样的结果。

在李白写给儿女的那首《南陵别儿童入京》中，他用了朱买臣的典故："会稽愚妇轻买臣，余亦辞家西入秦。"朱买臣是汉武帝时候的一个大臣，他年轻的时候家里很穷，妻子看不起他，最后离开了他。但是后来这个朱买臣做了会稽太守，相当于现在的绍兴市市长。也许，诗中这个"会稽愚妇"指的就是刘氏，她看李白一天在外头漫游，钱也拿不回来多少，官也没做上去，可能是看不起他。李白很讨厌别人看不起他，尤其让这女子看不起他！他还看不起别人呢！后来的资料里，再也没有出现过刘氏和东鲁女子的消息。

李白在长安不到两年就离开了，后来又继续在各地漫游。天宝八载（749），四十九岁的李白在梁园（今河南开封）迎娶宗氏，他的家庭生活又发生了一次变化，他拥有了第二次正式的婚姻。

特别有意思的是，宗氏也是一个宰相的孙女，看来李白结婚的对象总是离不开宰相的孙女。宗氏是前朝宰相宗楚客的孙女。宗楚客是武则天堂姐的儿子，他们兄弟三人都曾是武则天的亲信，后来因为奸赃事发，被发配流放岭外。楚客在武后、中宗时代曾三次被拜为宰相，后来因为依附韦后与武三思，在唐玄宗起兵诛灭韦后一党时被杀。这段经历虽说不上光彩，但宗氏毕竟是宰相之后，多少有一些政治资本。

李白的这次婚姻，很可能还是入赘妻家。为什么呢？有的学者认为，李白的《自代内赠》（清康熙五十六年吴门缪曰芑仿宋临川晏氏刊本《李太白文集》）一诗透露出一线信息。这首诗是李白模拟宗氏口吻，写夫人对自己的相思之情。其中有两句："曲度入紫云，啼无眼中人。女弟争笑弄，悲羞泪盈巾。"意思是说，自己（指宗氏）听到熟悉的乐曲婉转入云，眼前却不见心爱的丈夫，禁不住哭哭啼啼。女弟们看到我思夫心切，都争着前来取笑戏耍，我又难过又害羞，泪水点点滴落手巾。女弟，指宗氏的妹妹。按照当时的风俗，姐姐出嫁后，妹妹不能住在姐夫家中，而此诗描写的却是姐姐与妹妹们戏耍取笑的寻常生活场景，因此推测李白也许就与宗氏家人住在一起，也就是入赘宗家。看起来在择偶方面，李白不像别的士大夫、知识分子有很多的忌讳，他并没有那么多的忌讳，只要能够选择到适合自己的妻子就好。

这位宗氏跟李白有一个共同的爱好，就是都信仰道教。李白曾经在一首诗里边说，“拙妻好乘鸾，娇女爱飞鹤。提携访神仙，从此炼金药”（《题嵩山逸人元丹丘山居》）。这首诗是写给他的好朋友元丹丘的，诗里说我们夫妻俩带着女儿跟你一起炼丹药，我们准备全家都飞到天上去成仙。宗氏的确是个忠实的道教徒，她曾与唐代宰相李林甫的女儿李腾空一起求仙访道。对此李白有诗为证：“君寻腾空子，应到碧山家。水舂云母碓，风扫石楠花。若爱幽居好，相邀弄紫霞。多君相门女，学道爱神仙。素手掬青霭，罗衣曳紫烟。一往屏风叠，乘鸾著玉鞭。”（《送内寻庐山女道士李腾空二首》）

宗氏和李白的感情很好，李白常年在外漫游、寻找政治机遇，他也写诗给自己的妻子：“我今浔阳去，辞家千里余。红颜愁落尽，白发不能除。”（《秋浦寄内》）想念他的妻子。李白还模仿宗氏的口吻写妻子对丈夫的相思：“妾似井底桃，开花向谁笑。君如天上月，不肯一回照。”（《自代内赠》）诗中用爱妻的口气絮絮叨叨地撒着娇，埋怨丈夫久客不归，字里行间可见夫妻两人的深厚情意。

“安史之乱”爆发后，李白带着妻子逃出梁园，隐居庐山。他派自己的门人武谔前往东鲁接应儿女，但似乎没有结果。所以“安史之乱”期间，李白一直跟自己的子女是隔绝的，他跟宗氏就待在庐山上。这时候永王李璘就派他的使者韦子春来请李白下山，李白给妻子写了一首诗告别：“出门妻子强牵衣，问我西行几日归。归时倘佩黄金印，莫学苏秦不下机。”（《别内赴征》）典故是说战国时代

丁酉夏
康震

日照香炉生紫烟遥看瀑
布挂前川飞流直下三千
尺疑是银河落九天
康震

著名的纵横家苏秦当年求取功名不得，回家后他的妻子织布不理他，不下织布机，嫂子不给他做饭，父母不跟他说话，都挺讨厌他的，觉得这个人没出息。而李白在这里是反其意而用之，说我哪天要真是佩戴了相国的黄金印回来见你，你可不要嫌我过于庸俗而不理我啊。诗中字里行间充满了夫妻之间依依不舍的感情和幽默的情趣。从“问我西行几日归”一句，可以看出宗氏对李白前途的担忧。

果真，厄运降临到李白身上。由于复杂的政治斗争，永王军被肃宗击败，李白由于参加了永王李璘的军队，遭了罪，被投入监狱。当时李白被关在浔阳，也就是现在江西九江市。宗氏当时在哪儿呢？在豫章，也就是现在的南昌市。得知李白的情况后，宗氏开始为他四处奔走，疏通关系，想把丈夫救出来，表现了患难夫妻的深情。李白在《在浔阳非所寄内》中说：

闻难知恸哭，行啼入府中。
多君同蔡琰，流泪请曹公。
知登吴章岭，昔与死无分。
崎岖行石道，外折入青云。
相见若悲叹，哀声那可闻。

在诗中他称赞妻子像当年的蔡文姬一样，为了救丈夫而在曹操面前求情。李白出狱后，被流放夜郎，宗氏的弟弟宗璟，对这位姐夫也相当不错，陪同姐姐送别李白直到浔阳江畔。从这一点来看，李白的最后一次婚姻还是相当幸福的。

四、李白有没有后代子孙？

李白的一生潇洒自在、浪漫逍遥，似乎无牵无挂，其实他也时时刻刻惦念着子女，思念着家人。

根据现有的材料我们已经知道，李白一生共有三个孩子，第一任妻子许氏生育一女一男，女儿平阳，儿子伯禽，明月奴可能是伯禽的小名儿；东鲁女子生育一男，名曰颇黎。

唐玄宗天宝三载，李白离开长安后继续在各地漫游，一直都没顾得上照顾孩子。他有好几首诗表达了想念子女的心情。天宝六七载，在《送杨燕之东鲁》一首诗中，他说："二子鲁门东，别来已经年。因君此中去，不觉泪如泉"，离别子女已经一年了，一想到他们，眼泪就像泉水一样不断地流下来。我们不要觉得李白好像一阵风一样，整天活在飘飘然里，他一路走来一路潇洒，无所留恋，实际上不是。就像鲁迅说的，陶渊明在我们的眼中飘飘然得太久了，实际上这影响了我们具体人物的真实判断。

李白还有一首诗表现他对儿女的思念之情，就是作于金陵的《寄东鲁二稚子》：

楼东一株桃，枝叶拂青烟。
此树我所种，别来向三年。
桃今与楼齐，我行尚未旋。
娇女字平阳，折花倚桃边。
折花不见我，泪下如流泉。
小儿名伯禽，与姊亦齐肩。
双行桃树下，抚背复谁怜。
念此失次第，肝肠日忧煎。

家里的一棵桃树是李白走的时候种下的，如今已经三年过去了，该是枝叶繁茂、与楼齐高了吧？女儿平阳长得跟桃树差不多高了，靠在桃树边上摘桃花。弟弟伯禽，长得跟他姐姐也一般高了。一双儿女因为没有亲人的照顾，没有亲生父母的照顾，“抚背复谁怜”，想到这里心乱如麻、愁肠百结。这首诗没有李白式的狂放不羁和纵酒高歌，没有奇特的想象、惊人的夸张，有的只是唠家常一般的娓娓道来。这时的李白只是一位再普通不过的父亲，思念着远方的儿女……

我们现在再来看一看这几个孩子的名字，他们的名字都起得挺奇怪的。

伯禽本是周公旦长子的名字。有的人就说李白也太狂了，这不是拿自己比周公吗？实际上这是种误解。李白再狂，也没必要自比周公，李白也不会拿周公这样一个儒家圣人的长子来给自己儿子取名字。根据有的专家考证，周公的长子伯禽的名字叫鲤，它的谐音是“理”或“李”。在古代，理、李通用。李白之所以给自己的儿子起名叫伯禽，实际上是在名字中暗含李姓。

但是，“明月奴”又该怎么解释呢？有的学者认为明月奴应该算是伯禽的小名。有人说奴隶的“奴”，那不是蔑称吗？实际上这也是种误解。从魏晋南北朝以来，人们起名字特别是起小名，特别爱用“奴”这个字。比如说，东晋皇帝晋明帝，母亲是少数民族人，本人长得很像一个外国人，胡须是黄黄的，所以有人就叫他黄须鲜卑奴。这并不是蔑称他，他是皇帝，怎么能蔑称他呢？还有南朝刘宋皇朝的开国皇帝刘裕，小时候寄养在南方，所以小名叫寄奴。所以说这个“奴”，它更像是一个爱称、昵称，类似于“小家伙”的意思。那为什么叫明月奴呢？

我们知道李白的诗里边明月的意象和白云的意象特别多，尤其是明月的意象。比如“我寄愁心与明月，随风直到夜郎西。”“少时不识月，呼作白玉盘”。“举杯邀明月，对影成三人”。“床前明月光，疑是地上霜”。要举例子那就多极了。在李白的诗歌中，明月是一个美丽、深情的意象。既然李白这么喜欢明月，也许伯禽小的时候长得很白净，看上去非常可爱，他就给孩子起这么一个“明月奴”的小名，这当然是我们的一个推测。但是我们觉得这个推测听上去好像也还比较合理。

至于他另一个儿子颇黎，也挺奇怪的。“颇黎”这两个字实际上谐音为“玻璃”，这个“玻璃”不是现在我们家里镶的“玻璃”，在古代，它是一种天然的水晶石，产于波斯，韩愈、李贺还有温庭筠这些唐代很有名的诗人，他们诗里边都提到过“玻璃”这样一种水晶石，可见颇黎在当时为人们所熟知，并受到人们的喜爱。颇黎与明月，都是明亮光明的形象，也许这正是李白取这个名字的原因——由于缺乏确凿的证据，我们现在只能间接地进行一些推测了。

李白的女儿取名叫平阳，这个就更奇怪了。有人说，平阳是汉武帝的姐姐平阳公主，这个平阳公主家里边原来有一个歌妓叫卫子夫，被汉武帝看中了，喜欢看她跳舞，后来卫子夫渐渐得宠，并做了皇后。李白给自己女儿起名叫平阳，会让人联想到卫子夫低贱的出身。但也许李白根本不在乎这个，因为李白的观念里边就没有这么多的禁忌，他只需关心他的女儿够漂亮，希望他的女儿能歌善舞、活泼可爱就行了，所以就给这个女儿起名平阳。也有学者认为，平阳是唐高祖女儿的名字，在隋末唐初的征战中，平阳曾立过不朽功勋，是一位载入正史的巾帼英雄。李白取这个名字，其实是希望自己的女儿也能成为一名巾帼英雄。这些都只是我们的推测，因为李白自己没有写过任何说明性的文章，告诉我们他为什么给自己的子女起这些名字，我们进行这些推测，实际上是想还原李白的文化背景，了解唐代文化的深层内涵。

那么，李白子女的结局究竟如何呢？

根据现在我们所掌握的材料，李白被捕入狱以及长流夜郎的时候，伯禽和平阳这俩孩子还都在东鲁。李白被关进浔阳监狱时，有《百忧草》一诗说：“星离一门，草掷二孩”，说他遭遇流放上路之时，子女还在东鲁。后来李白遇赦回到江夏，在《门有车马客》中说："呼儿扫中堂，坐客论悲辛。"让儿子打扫院落、中堂，便于同客人说话，这个儿子也许就是伯禽。

李白去世的前一年，唐肃宗上元二年（761），在《游谢氏山亭》一诗中提到："醉罢弄归月，遥欣稚子迎"，意思是说大醉之后乘着月色回家，远远看到儿子在家门口等我，心里感到无比的欣慰。可见在李白去世前，伯禽一直都陪伴着他。

平阳的结局似乎比较明确，魏颢在《李翰林集序》里边说了："女既嫁而卒"，看来平阳出嫁以后不久就去世了。但是颇黎一直再没有消息。

唐人李华在李白的墓志文中谈到伯禽其人，说他："天然长能持，幼能辩，数梯公之德，必将大其名也已矣。"（李华《故翰林学士李君墓志》）什么意思呢？说他性格很随和，很孝敬，侍奉老人很周到，对于自己的晚辈也非常友善。李白是在当涂去世的，伯禽也许一直就随侍在李白的身边，后来也就定居在当涂。唐德宗贞元八年（792），李白去世三十年后，伯禽在当涂也去世了。

唐宪宗元和十二年（817），即李白去世五十年后，宣歙池等州观察使范传正打算重修李白墓地。范传正的父亲范伦与李白交情不错，范传正读父亲留下来的诗文，发现其中一首诗记叙与李白在浔阳饮酒。范传正觉得自己有责任为这位伟大的诗人做些什么，于是就开始寻访李白的后代，找了三四年，找到了李白的两个孙女，也就是伯禽的两个女儿。这两个孙女都在当涂嫁给了当地的农民，她们的丈夫一个叫陈云，一个叫刘劝。

范传正就与这两个孙女交谈。她们穿的衣服都是农妇的打扮，非常朴素甚至破旧，但是进退、应对非常娴雅，颇见其祖父的风范，"儒风宛然"。范传正问起他们的身世家道，这才知道伯禽早已去世。这姐妹俩还有个哥哥："有兄一人，出游一十二年，不知所在"，哥哥出游十二年，不知道去了哪里，至今杳无音讯。李白的后代中有一个孙儿、两个孙女。由于伯禽本人只是一介布衣百姓，不可能为子女提供更好的环境与机会，所以这两姐妹只能嫁给当地农夫，没有田地、桑蚕谋生，生活非常窘困。虽然祖父李白有很高的盛誉，但是以她们目前的身份、地位、境况，实在羞于向当地官员求告："久不敢闻于县官，惧辱祖考"，担心辱没了祖上声誉。

范传正听了这姐妹俩的陈述，心中非常难过。他想给李白重修墓碑，重撰墓志，希望这两位孙女能够提供一些李白家族的资料。她们翻箱倒柜，仅找出几页残破不全的纸张，上面有伯禽留下的数十行潦草的家族纪录，这成为范传正重新撰写墓志文的重要依据。

李白去世的时候，埋葬在当涂县的龙山。但是他一直非常向往当涂县的另外一座青山，这个青山就是李白非常仰慕的南朝诗人谢朓曾经读书的地方。所以范传正问他这两个孙女，你们有什么要求啊？这两个孙女说，我们没有钱，无权无势，只是希望能够满足我们祖父的生前的愿望，把他迁葬到青山。于是在范传正的主持下，李白墓于元和十二年（817）正月二十三日，从龙山迁葬到青山脚下。

范传正很同情李白的这两个孙女，想帮助她们改嫁给当地士族。她们说，"夫妻之道命也，亦分也"，夫妻之道由天命所致，两个人结成夫妻，这是上天所命；也是一种缘分。"在孤穷既失身于下俚，仗威力乃求援于他门。生纵偷安，死何面目见大父于地下？欲败其类，所不忍闻"。我们在贫困的时候，不得已嫁给了农民，但总不至于仗着我们的祖上的门荫改嫁到一个豪门里边去。即便我们嫁到豪门里边、苟且偷安，又有什么面目去见九泉之下的祖父呢？这样的事情我们是不做的。范传正听了以后很感动，就为她们免除了一些徭役和杂役，减轻了一些经济上的负担。

范传正的新墓碑立于唐宪宗元和十二年（817）正月，距离李白去世（唐代宗宝应元年，762 年）整整五十五年。新墓碑树立二十六年后（唐武宗会昌三年，843年），文人裴敬到当涂来拜谒李白的墓碑，裴敬的曾叔祖裴旻是唐代著名的剑术家。唐文宗曾下诏称李白诗歌、张旭草书、裴旻剑术为唐代“三绝”。李白虽与裴旻并不曾谋面，但李白喜好剑术，曾给裴旻写信，表示很想跟他学剑术，“愿出将军门下”。正因为有这样一段因缘，裴敬专门来拜谒李白的墓碑。当地人告诉裴敬，李白的孙女至少五六年都没来扫墓了，可能也已经去世了。这时距离李白去世已经整整八十年了。

这么看来，李白没有直系的后代。换句话说，他有儿子，也有孙子、孙女，但是这一系没有传下来，也就是过去所谓的“绝嗣之家”。他不愿科举，热衷纵横之术，不重士族高第，入赘相门，未能尽责地照顾子女，子孙无法接受教育，只能沦为贫困的农妇。这是李白的悲剧，也是一代“诗仙”在现实中的遭遇。

然而李白的墓前却总有一代代络绎不绝的扫墓者、拜谒者，他们并不是李白的子孙，却是华夏文明包括盛唐文明的子孙。他们不仅是在拜谒这位伟大的诗人，也是在拜谒、回想伟大的盛唐时代。李白的家族子嗣未继，但是他的诗歌、文章与人格的魅力却会永远流传下去。从这个意义来讲，李白是永生的，是永远不会绝嗣。

第二章

出仕之路

李白自幼显示出诗文创作天才，他的诗歌得到人们的普遍赞誉与推崇。后人尊称他为“诗仙”，与“诗圣”杜甫并称唐代文学的“双子星座”。然而就是这样一位绝代诗人，在政治道路上却屡屡失意。其中的原因究竟何在呢？我们来看看李白是如何走上政治道路的。

一、仙风道骨

在中国古代诗人当中，我们也许最熟悉李白的诗歌，对李白似乎也最为了解，其实不然。比如，李白的相貌到底如何？他是胖是瘦？是高是矮？他的诗不错，字究竟写得怎么样呢？

与李白同时代有个年轻人叫魏颢，特别崇拜李白，也算是李白的一个追星族，李白对他也很信任，把自己当时所作诗文交给魏颢整理成集，魏颢在这个诗文集的前面写了一篇小序，即《李翰林集序》。在这篇序里，他对李白的相貌有一点描述，他说李白“眸子炯然，哆（chī）如饿虎”，什么意思呢？就是说他这个人长得眼睛炯炯有神。这里的“哆”是张大嘴巴的意思，就是说当李白张嘴的时候有下山猛虎的气势，这是动态的一面。还有一面是什么呢？再看后面这两句话，“或时束带，风流酝籍”，有的时候他穿得整整齐齐，腰扎玉带，头扎布巾，也显得风流倜傥。李白在诗文里常自称：“身不满七尺，而心雄万夫。”（《与韩荆州书》）“身不满七尺”，换算成今天的尺寸也就一米七左右，不算高，但是他的心气很高，藐视群雄。

李白二十岁左右的时候，曾去拜见当时著名的道教领袖人物司马承祯，司马承祯对李白有一个评价，说李白“有仙风道骨，可与神游八极之表”（《大鹏赋》）——你的相貌颇有些仙风道骨，器宇不凡，可以一同遨游云天宇宙。李白回忆说，自己初到长安，著名诗人贺知章曾惊叹他像一个“谪仙人”，就是说像天上下凡的神仙。而且李白在写给别人的诗文里对自己也有很高评价，说自己以“天为容，道为貌，不屈己，不干人”（李白《代寿山答孟少府移文书》），自己以天地自然为容貌，不肯附庸权贵，也不肯为功名拜谒王公。从这些记载中，我们大体能够感受到李白那种飘逸孤高的气质。

我们为什么要花这么多篇幅先说他的容貌、体形、气质呢？这是因为容貌在一定程度上反映了一个人的精神面貌。对于李白，我们有一个总的印象：他身材不高，目光炯炯有神，气质飘逸非凡，个性高傲张扬。台湾著名诗人余光中曾在一首诗里这样写李白：“酒入愁肠，七分化作月光，余下三分呼为剑气，绣口一吐就是半个盛唐。”（《寻李白》）结合前面内容看来，这首诗确实写出了李白的个性气质，写得非常传神。

二、胸怀大志

李白不仅气质非凡，个性鲜明，而且诗文在当代享有很高的盛誉。有的诗人在世的时候并不一定声名显著。比如杜甫，他的诗作在盛唐时代并没有受到人们特别的重视，直到中晚唐乃至宋以后才名声大盛。而李白的诗歌在盛唐时就享有很高的声誉。

可就是这样一个胸怀远大抱负、诗文纵横天下、声名煊赫的一流诗人，不仅没有在盛唐政治舞台上发出耀眼的光芒，反而一而再再而三地遭到政治冷遇，甚至最后被流放夜郎，算是沉到了政治漩涡的最底层。除了留下脍炙人口的不朽诗篇外，白发苍苍的李白在政治上两手空空、一无所获，用传统时代衡量读书人的标准来看，他在政治上是完全失败的，他的人生当然也是完全失败的。人们不禁要问：这样一位诗坛奇才，有着极高的政治抱负，又生活在政治相对开明的盛唐时代，怎么会在政治上没有任何收获呢？是什么原因使他的政治人生成为一个悲剧人生？

要了解李白政治上的悲剧，还要先从他不平凡的政治抱负、政治理想说起。

从严格意义上来说，传统时代的职业理想与我们当代文人的职业理想有很大的不同。在古代，作家、诗人并不是一种可以谋生的具体职业，传统时代文人最大的理想就是做官，官做得越大越好，最好一直做到宰相。李白也不例外，李白是盛唐时期最杰出的大诗人，卓越的文学才华使他更为自信，他自然也怀抱着比一般诗人更为远大的政治理想。

李白的政治理想很大，也很简单，什么理想呢？他有两个理想：第一个就是当宰相。他自称“申管、晏之谈，谋帝王之术”（《代寿山答孟少府移文书》），又说“愿为辅弼，使寰区大定，海县清一”（《代寿山答孟少府移文书》）。意思是，我愿意做宰相，就像春秋时候的管仲和晏婴一样，做皇帝的辅弼之臣，我做了辅弼之臣，必然能使四海升平、天下大同。这是他的第一个理想，这个理想非常大。

第二个理想是什么呢？做皇帝的老师。他在《赠钱征君少阳》诗里说：“秉烛唯须饮，投竿也未迟。如逢渭川猎，犹可帝王师。”他把自己比作唐代的姜太公，只可惜钓了很长时间的鱼，唐代的周文王还没来。李白认为自己就是唐朝帝王之师的最佳人选。帝王之师也许是中国古代文人最崇高的理想了，它的理想内涵远非宰相这样一个具体的职位所能涵盖，而是包含着对自身价值、尊严的高度认同。

李白的理想就这么大，而他也为自己规划了实现这一远大理想的明确途径。这是一条非同寻常的途径。李白不愿意像一般人那样从基层的小官吏做起，比如从县令开始，一点一点获得升迁，如果幸运的话，到六七十岁能够做到三、四品的大员。对于李白而言，这种漫长的升迁过程是难以忍受的，他“常欲一鸣惊人，一飞冲天，彼渐陆迁乔，皆不能也。由是慷慨自负，不拘常调，器度弘大，声闻于天”（范传正《唐左拾遗翰林学士李公新墓碑并序》），李白的升迁途径就是要一鸣惊人、一飞冲天。这种实现理想的途径是如此的与众不同，这极富传奇色彩的自我期许，导致他慷慨自负、言行不拘常调。换言之，李白的实现方式、言行方式就是要与同时代的读书人迥然相异。这也表现在他对待科举的态度上。

科举制度是中国古代社会选拔、录用人才最重要的制度。它诞生于隋朝，规范于唐朝，鼎盛于宋朝，发展于明朝，终结于清朝。李白生活的时代，正值科举制度蓬勃发展时期，社会上一大批出身寒门的知识分子通过科举考试“鲤鱼跳龙门”，走向仕途。然而，从现有的资料来看，李白从来没有参加过科举考试，他似乎从来也没有表露过参加科举考试的愿望。与他前后同期的几位大诗人，如王维、高适、杜甫等都有科举考试的经历，有的就是进士出身，他们都无一例外地在现存秩序框架内谋求实现政治理想。李白则不同，他可能不愿意走这样一条寻常的发展道路，而要走一条完全不同的路，用我们现在的话来讲，就是要走跨越式发展道路。那么，李白是如何走上这条跨越式发展道路的？这一道路会给他带来什么命运呢？

三、与众不同的自荐信

要走上跨越式的发展道路，就必须首先获得高官权贵们的赏识。李白为了将自己介绍给高官权贵，使用了很多办法，其中一种最常见的方式就是投信干谒，也就是给别人写自我推荐信。

其实在唐代，读书人都写自荐信，这不足为奇，但李白的自荐信有他自己的特点。在不少自荐信中，李白都自称“陇西成纪人”，自称凉武昭王李暠的后代。我们曾在第一章中介绍过李暠，他是李唐皇室的先祖。李白坚称自己是李暠的后代，无非是在强调自己是皇室宗亲，是要引起高官权贵们的器重与重视。

唐玄宗开元十八年（730），李白给安州裴长史上书自荐，信中说自己年轻的时候跟朋友在深山老林里面养了数以千计的鸟，而且都是珍禽、奇禽，这些珍禽被他驯养得非常听话，巴掌一伸，这些鸟就停在他手上："养奇禽千计，呼皆就掌取食，了无惊猜。"其实他是真的为了养鸟吗？不是，他就是为了表现自己一种与众不同的行为方式，就是为了引起别人的注意，同时这也是道家养生的一种重要手段。《庄子·山木》托言孔子远离朋友弟子，在野外的大湖中隐居，鸟兽看到他都不惊惶逃避，以此说明孔子能够与鸟兽为伍，融洽相处，乃是得道之人（辞其交游，去其弟子，逃于大泽，衣裘褐，食杼栗；入兽不乱群，入鸟不乱行）。李白的这种行为方式，真的引起当地官员的注意（广汉太守闻而异之，诣庐亲睹，因举二人以有道，并不起），当地郡守听到这件事感到很奇异，就亲自来山中看望他们，还要举荐他们到朝廷。然而李白与朋友并不接受这样的邀请，他自称"养高忘机，不屈之迹也"，意思是说我并不屈从于官吏的召唤，当朝者邀请我做官我偏偏不去。这样一来他们的名声就更大了，这么有才华的人，这么特立独行的人，还不愿意做官，品德真是很高尚。这是他说自己的第一个优点。

他还有什么优点？在这封自荐信中李白写道："曩昔东游维扬，不逾一年，散金三十余万，有落魄公子，悉皆济之。此则是白之轻财好施也。"他说自己在扬州住了一年，花了三十万钱，花这么多钱干什么用啊？都用在救济那些落魄不得志的读书人身上，也就是说自己视金钱若粪土，乐善好施。这是他第二个优点。

第三个优点也比较重要，叫"存交重义"，即重义气、够朋友。他举了个例子，说自己与朋友一起游览洞庭湖，结果这个朋友患急病突然去世，炎热的天气里，李白伏尸痛哭，泪水哭干，哭出鲜血，路过的人听了都为之伤心。李白将朋友暂时安葬在洞庭湖边，几年之后，他又回来专门为朋友迁葬。李白将朋友的尸骨从坟墓中取出，装进口袋，自己背着口袋，披星戴月，一路来到江夏，借钱将朋友的尸骨葬在当地。重义气、够朋友，这是他第三个优点。

需要特别说明的是，根据有关专家的研究，李白这种特殊的葬友方式，源自南方少数民族的二次捡骨葬法。第一次安葬被称为寄土，可就近安葬。三五年后要开棺捡骨，将骸骨安葬在家族坟地中。李白从小生长的绵州昌隆地区以南，就有乌蛮（彝族先民）、白蛮（白族先民）聚居，其中就有二次捡骨葬的风俗。

说完不凡的身世与言行，李白还在自荐信中炫耀自己的文采。唐玄宗开元八九年间，李白去拜见当代大手笔、益州长史苏颋，苏颋在众位同僚面前夸奖李白下笔滔滔不绝，是少见的文学天才，如果继续博览群书，加强学习，扩展见闻，未来一定可与汉代大文学家司马相如一比高下。李白还曾得到首任安州郡督马正会的称赞。马正会认为李白是难得的奇才，他对长史李京之说："诸人之文，犹山无烟霞，春无草树。李白之文，清雄奔放，名章俊语，络绎间起，光明洞彻，句句动人。"意思是说，其他人的文章，如同没有烟霞的山峰，没有草树的春景。而李白的文章，清雄奔放，名言警句层出不穷，文辞流丽而思想通达，每一句都能打动读者的内心。

既然要将自己推荐给官吏，自荐信中自然少不了对官吏的称赞夸奖，这在唐代文人的干谒信中很常见。李白自荐信的不同在于，其结尾部分往往透露出自信甚至狂傲的口吻。还是在这封《上安州裴长史书》中的结尾处，李白说："愿君侯惠以大遇，洞开心颜，终乎前恩，瑞辱英盼，白必能使精诚动天，长虹贯日，直度易水，不以为寒。若赫然作威，加以大怒，不许门下，逐之长途，白即膝行于前，再拜而去，西入秦海，一观国风，永辞君侯，黄鹄举矣。何王公大人之门不可以弹长剑乎？"意思是，希望您能够恩赐给我宽厚的待遇，敞开心扉，继续让我感受到您的恩情。如果真如此，我一定会以长虹贯日的精诚之心做您的属下，即便让我像荆轲直度易

丁酉歲
康震

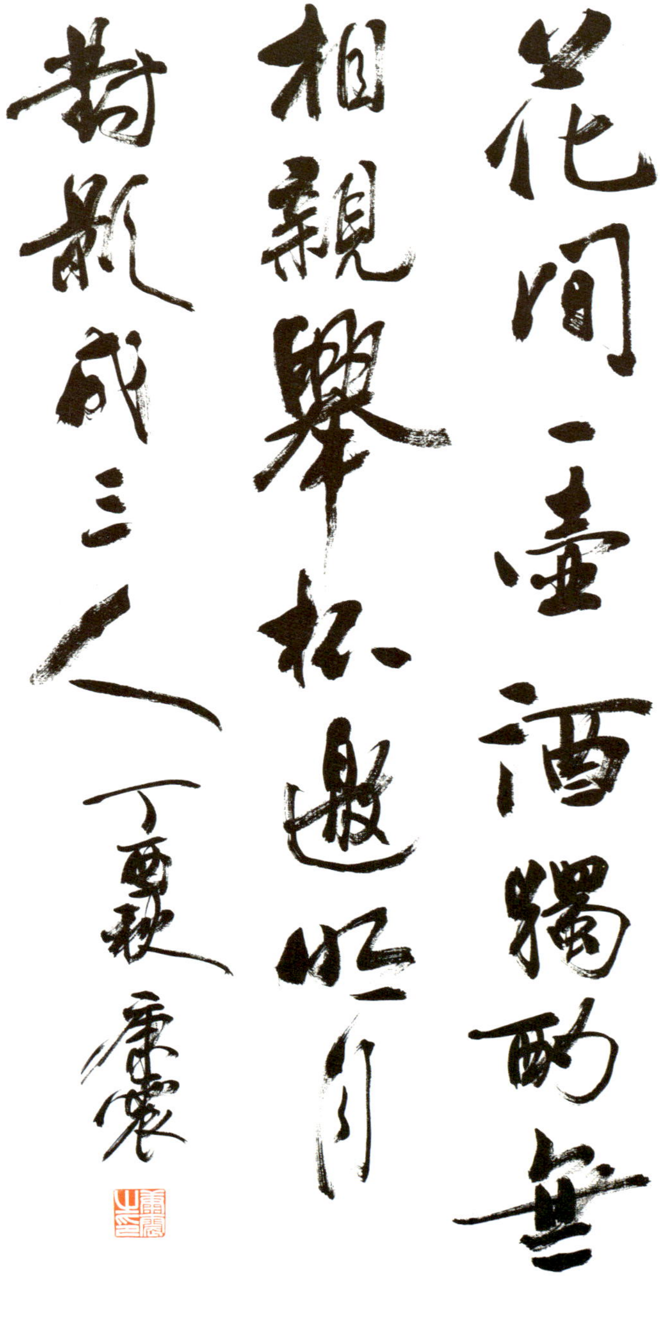

花间一壺酒獨酌無
相親舉杯邀明月
對影成三人
丁酉秋 康震

水去刺杀秦王也万死不辞！然而如果您在我面前耀武扬威，甚至声色俱厉，不予接纳，那我只能用跪行到您面前，给您做个揖，然后像黄鹄一样高飞而去，去首都长安谋求前程。又有哪一个王公大人的门前不可以让我弹剑高歌呢？我永远不会再跟您见面。

这一段说成大白话就是“此处不留爷，自有留爷处”。李白似乎是有点儿太狂傲了，但是这正是他超乎寻常的自信，也是他自荐信与众不同的地方。“何王公大人之门不可以弹长剑乎”一句，用了冯谖客孟尝君的典故。春秋战国时，有所谓战国四公子，其中一个叫孟尝君，这个人喜欢招致天下名士，养了三千门客。三千门客的待遇，根据每个人的本事有所区别。冯谖也来投奔孟尝君，孟尝君问他有什么本事什么特长，他都说没有，只好归入下等门客中。没过多久，冯谖靠在柱子上弹剑而歌，边弹边唱：宝剑啊宝剑啊，咱们回去吧，这里没有鱼吃啊。有人反映给孟尝君，孟尝君想，他要鱼肉吃，是不是有点本事啊？于是给他鱼肉吃。过了几天，冯谖又弹剑唱道：宝剑宝剑回家吧，我们出门没有车！其他门客都开始笑话这个要吃要喝的家伙。但孟尝君再次满足了他的要求。又过了不久，冯谖弹剑唱道：宝剑宝剑回家吧，家里没有人照顾！孟尝君于是派人照顾他的母亲。门客们都认为冯谖这个人贪得无厌，但孟尝君独具慧眼，认定他是个奇才，日后必有大用。后来，冯谖为孟尝君出谋划策，为其设计狡兔三窟，在危难之际挽救了孟尝君的政治生命，成为他最著名的门客。李白用冯谖来比喻自己，坚信自己一定可以找到弹剑高歌的地方，一定能够找到心目中的孟尝君。

前面我们说过，干谒信、自荐信不是李白的发明创作，盛唐文人为了求取功名，必须向权贵高门投献诗文，为将来步入仕途打开方便之门。李白的这些自荐信，代表了盛唐知识分子普遍的精神面貌。什么精神面貌呢？这些文人在奔走权贵豪门，投赠、干谒的过程中，一方面要跪拜屈服于权贵的脚下，一方面却又因强烈的自信与自傲表现出鲜明的个性色彩。李白是他们当中最典型的一个代表，他的行为言语最能代表盛唐知识分子蔑视权贵、崇尚个性、珍视自我、渴望价值实现的精神风采。李白有时候为权宜之计，可能会说一些奉承谄媚的话语，但他骨子里透出来的本质还是要强烈的表现自我、实现自我。从根本上来说，他是不肯为了照顾权贵们的脸色而委屈自己自由张扬的个性，所谓“安能摧眉折腰事权贵，使我不得开心颜”，这就是盛唐知识分子的精神实质、精神风采。

李白之所以在后人眼中具有那么大的魅力，首先在于他胸怀不同凡响的巨大的政治理想，其次在于他为实现巨大理想所走的一条不同凡响的路径，而为了打通这个不同凡响的路径，就需要一份不同凡响、振聋发聩的自我推介。在这份个人推介的开拓下，李白开始在长江中下游、黄河中下游地区广为交游、四处干谒，寻求一个惊天动地的政治突破。对于李白来说，他的心中一直有一个政治神话，他认为自己不但是超一流的天才大诗人，而且是超一流的大政治家。这个神话不仅李白自己深信不疑，而且千百年来许多阅读李白的人也深信不疑。

要说李白是个天才的诗人，这个没有问题，李白在文章事业方面向来绝对自信。他在给朋友的诗里说自己写诗是“兴酣落笔摇五岳，诗成啸傲凌沧海”（《江上吟》），诗兴大发的时候一落笔，五岳三山为之震撼，写成之后高声吟诵，沧海为之扬起波涛，这种自信甚至狂妄放在别人身上也许很难得到认同，但放在李白身上的确当之无愧。

此外，他给荆州太守韩朝宗写过一封自荐信，当时有一种说法叫“生不用封万户侯，但愿一识韩荆州”，韩朝宗喜欢推荐人才。李白对韩朝宗声称自己“日试万言，倚马可待”（《与韩荆州书》），今天让我写一万多字的诗文，我靠着马背上，一挥而就，文思敏捷如此。所以他在文章事业方面，确实很自信。

尽管李白有这么高的文学才华与创作自信，可是李白的最高理想并不是当职业作家。在他看来，创作诗文不过是一种艺术天才，从根本上来讲，那不过是促进他声名煊赫的工具，是一个进身仕途的敲门砖。李白认为自己的真正天才在于政治。换言之，李白认为自己不仅是一个天才的文学家，而且是一个天才的政治家，是一个像姜太公、管仲、晏婴一样将要名传千古的大政治家。他认为大唐盛世就要在他这样天才的政治家手中发展壮大，他所需要的只是一个如姜太公那样的机会，而他一旦获得唐代君王的重用，唐代历史就将翻开新的一页。他天天在做这样的梦，他为这个梦等了很长时间，直到他四十多岁的时候，终于迎来了实现他政治神话最重大的机遇，他的梦想似乎就要变成现实了。这是个什么机会呢？

四、通过公主觐见玄宗

唐玄宗天宝元年（742），李白四十二岁。这一年正月，唐玄宗颁行诏书："前资官及白身人有儒学博通、文辞秀逸及军谋武艺者，所在具以名荐。"（《旧唐书·玄宗本纪》）不管你现在是个老百姓，还是国家公务员，只要你精通儒学，或者精通文章、通晓军事武艺，或者你有一技之长，总而言之，你是个有用的人，当地政府都可以将你推荐到朝廷来。唐代皇帝经常颁行这样的诏书广求人才，这对于那些有真才实学、渴望建功立业的人来说，是一个难得的机遇。而这个机遇的核心因素在于获得强有力的推荐，也就是说是否有合适的人将你推荐给朝廷。李白二十四岁离开家乡，现在四十多岁了，十余年间一直都在寻找适合自己的政治机遇，那么这一次他是否能够抓住这个机会呢？又有谁会将李白推荐给朝廷，推荐给玄宗皇帝呢？

皇天不负有心人，李白终于找着一个很重要的推荐人，这个人跟唐玄宗有非常密切的关系，她就是唐睿宗的女儿、唐玄宗的妹妹玉真公主。玉真公主崇信道教，玄宗朝的时候出家为道士，她法号“无上真”，后来又赐法号为“持盈法师”。玉真公主以皇室贵戚之身出家为道士，在唐代社会并不少见，这与当时的社会风气有很大关系。唐皇朝建立之初，统治者为了巩固、神化自己的政权，追认道家的始祖老子李耳为李唐宗室的祖先，将道教定为“国教”。唐太宗还专门下诏书将道士排在僧尼的前面：“自今以后，斋供行立，至于称谓，其道士女冠，可在僧尼之前。庶敦本之俗，畅于九有；尊祖之风，贻诸万叶。”（《令道士在僧前诏》）后来还将道举作为一个考试类型列入科举考试之中。这样一来，道士在唐代社会中的地位就很高。

道教与道家思想在唐代也就非常兴盛。唐代的统治者，唐高祖、唐太宗、唐高宗、唐玄宗等都与道教人物有密切的关系，比如当时的道教领袖司马承祯，就曾受到武则天、唐睿宗、唐玄宗三代皇帝的召见及厚待，皇帝们不仅向他请教长生不老之术，也向他们咨询治国方略。道教是唐朝一股强大的社会力量、思想潮流，皇帝之所以高度关注道教活动、道教人物，是基于整个唐皇朝的政治利益。换言之，道教思想、道家活动、道教人物与唐代政治的关系实在是太密切了，或者可以说道教本身就是唐代政治生活中的一个重要的组成部分。因此要步入唐代官场，从道教入手不失为一个明智的选择。李白之所以要跟玉真公主拉上关系，就是想要走由道教而入仕这一条路。

然而，唐代读书人大都清楚道教与政治的密切关系，也清楚玉真公主与玄宗的关系，如何才能成功的打通玉真公主这个关节，在众多竞争者中脱颖而出呢？这就需要另外一个关键人物的关键帮助，这个人是谁呢？就是李白的朋友元丹丘。关于元丹丘，我们所知甚少，不过我们很熟悉李白的一首诗《将近酒》，其中有两句写道：“岑夫子，丹丘生，将近酒，杯莫停。与君歌一曲，请君为我侧耳听。”

诗中的丹丘生就是元丹丘。

李白与元丹丘相识很早，他二十多岁在四川家乡的时候，就与元丹丘相识。李白五十多岁时有一首诗《秋日炼药院镊白发赠元六兄林宗》，诗中说："投分三十载，荣枯同所欢。"说明在三十多年的时间里，他们一直都是非常亲密要好的朋友。李白与元丹丘曾一起漫游四川峨眉山、湖北安陆、襄阳、河南嵩山、石门山，从李白与元丹丘来往的书信诗文内容来看，这位元丹丘显然是一位隐居山林游仙的职业道士。魏颢在《李翰林集序》中说："白久居峨眉，与丹丘因持盈法师达，白亦因之入翰林"，透露出推荐李白入长安的关键人物，就是元丹丘与玉真公主。

元丹丘与李白关系持久而亲密，他对李白的志向、为人、诉求自然了如指掌。当年李白得以拜见司马承祯，也是得力于元丹丘的推荐。而元丹丘、玉真公主、司马承祯三人的关系更不寻常，玉真公主曾奉玄宗诏命为司马承祯修建金箓斋，她与司马承祯算是师徒关系。李白虽然没有机缘通过司马承祯结识玉真公主，但这种间接的同道关系，对于他接近玉真公主不无助益。

唐玄宗天宝元年前后，玉真公主曾奔赴河北谯郡真源宫参加道教活动。后来长安宏道观道士蔡玮撰写《玉真公主朝谒谯郡真源宫受道王屋山仙人台灵坛祥应记》，详尽记载此事，唐玄宗亲自给这块碑记撰写碑额。碑记的落款告诉我们，这块碑由元丹丘负责修建，可见元丹丘与玉真公主的关系非同一般。我们可以作一个相对合理的推测：也许，元丹丘直接跟随公主参与了这次活动；也许，就是在这个活动的过程中，元丹丘向玉真公主推荐了李白，并将李白多年前撰写的一篇《玉真仙人词》呈给公主：

玉真之仙人，时往太华峰。
清晨鸣天鼓，飙欻腾双龙。

弄电不辍手，行云本无踪。
几时入少室，王母应相逢。

诗的大意说，玉真道人住在太华峰上修道，清晨的时候修炼叩齿之法——也就是鸣天鼓，即将上下牙齿相叩。此时，狂风怒起，犹如龙在云海里翻腾。玉真公主法术高明：她把玩闪电玉手不停，腾云驾雾来去无踪。过不了多久，玉真仙人一定会得道成仙，修成正果，去少室山的时候，连王母娘娘也会亲自恭迎她。

李白在这首诗中将现实世界与神仙世界融合为一体，他对玉真公主进行了极力美化，编织了一幅极具美感的神仙画面。这种浪漫、夸张的手法，与李白写给一般官员的自荐书不同，他没有直接陈述自己的人生经历和才能，也没有直接夸耀对方，而是用神仙化的世界来烘托玉真公主的神奇能力。

说起这首《玉真仙人词》，其实玉真公主早就应该看到。那还是在唐玄宗开元十九年前后，当时三十多岁的李白来长安谋求仕途，名气还远远不如现在这么显赫。为了结交权贵，他四处干谒，并创作了这首《玉真仙人词》，就是想通过玉真公主的关系得到引荐。后来李白结识了唐玄宗的驸马，也就是玉真公主的侄女婿张垍，希望张垍能够给自己与玉真公主之间牵线搭桥。谁知这个张垍并未打算真心实意帮李白的忙，李白只好一人住在终南山楼观台玉真公主别馆，等待机会。楼观台是汉代以来供奉老子的道教圣地，距离长安城一百多里。玉真公主不仅在长安城有玉真观，在楼观台山等地也修建了多所别馆。唐代许多大诗人如王维、储光曦等，都曾做客玉真公主别馆，写了不少的诗文，可见玉真公主与文人交往比较密切，许多文人都希望通过玉真公主架起与玄宗之间的桥梁。但是那一次李白很不走运，不仅没有在别馆见到玉真公主，而且遭遇非常落魄，更谈不上投献《玉真仙人词》了。这从他那时写的《玉真公主别馆苦雨赠卫尉张卿二首》中可以看出，其一写道:“秋坐金张馆，繁阴昼不开。空烟迷雨色，萧飒望中来。翳翳昏垫苦，沉沉忧恨催。”这首诗弥漫着凄凉孤独的气氛，当时正值秋雨连绵，终日天阴沉沉的，很久没有见过晴朗的天空了。自己的心情也跟这天气一样，非常阴翳，只能酌一杯酒聊以自慰。在其二的结尾处，李白写道:“何时黄金盘，一斛荐槟榔。功成拂衣去，摇曳沧洲傍。”南朝有个人叫作刘穆之，家里很穷，他老婆的娘家有钱。有一次他去岳母家吃饭，吃饱之后，又吃了几棵槟榔，娘家兄弟讽刺他说槟榔是帮助消化的，你这样一个天天都吃不饱的人是不需要吃槟榔的。后来他作了大官，请娘家兄弟来吃饭，吃完后用黄金盘送了娘家兄弟一大盆槟榔。可见当时虽然境遇不佳，李白感到了孤苦与无奈，但他还坚信自己总有一天会出人头地。

现在，多年苦苦的寻觅终于结束了，通过老朋友元丹丘的引见，李白得到玉真公主的有力推荐，就要见到唐玄宗了。说起来也很有趣，关于李白的推荐人，学术界一直存在争论。造成这个结果的主要原因在于，李白对这个问题语焉不详，他从来没有提到具体的推荐人:“天宝初，五府交辟，不求闻达。亦由子真谷口，名动京师，上闻而悦之，召入禁掖。”（李白《为宋中丞自荐表》）天宝初年，朝廷虽然屡次征召，但我都不肯出山。由于多年隐居山林，名声震动京师，圣上对我非常欣赏，所以召入宫中。这当然是一种非常笼统、含混的说法，其关键点在于依靠自己的力量直达天听，而根本没有涉及具体的推荐人。

我们可以作一些合理的推测。李白这次之所以能够得到玄宗的亲自召见，从根本上来说是走了两条渠道：一个是道士渠道，一个是公主渠道，严格来说，这都不是什么光明正大的渠道，有走后门之嫌。李白不愿明说自己入朝的具体渠道，也许是不想让自己的政治形象总拖着这样一条不大光彩的辫子吧！

其实李白这种进身仕途的方式在唐朝并不少见，比如著名诗人王维也曾经借用公主的力量达到了自己的目的。王维精通音律，善于弹奏琵琶，经常游历于权贵之门，“岐王重之”。王维一心想考中进士，请岐王帮忙。岐王让他准备十篇优秀的诗作，一首幽怨的琵琶曲，然后以锦绣衣装打扮王维，带他去见某公主。筵席上，岐王的伶人前来演奏助兴，王维“妙年洁白，风姿都美，立于前行”。公主命王维奏曲，其曲声调哀切，满座动容。公主不禁称奇，王维又趁势献上所作诗文。公主吃惊地说，这都是我平时诵读的诗文，以为古人所作，没想到作者就在眼前，于是以宾客之礼招待王维。筵席上王维谈吐风流潇洒，深得权贵赏识，岐王趁机说出王维考进士的愿望。公主满口答应，王维于是一举登第（参见唐薛用弱《集异记》，宋辛文房《唐才子传》）。

故事的真假姑且不论，但说明在唐朝，利用皇亲权贵请托科举、举荐的事情并不少见，所以李白的作为不足为奇。

李白现在就要进入长安，进入大唐帝国的政治中心，就要见到大唐帝国的最高统治者唐玄宗。李白似乎距离自己的政治理想越来越近，千秋功名与辅弼重任似乎就要成为现实。那么，李白在长安究竟做了哪些事情？事实的真相究竟如何呢？

第三章

翰林生涯

唐玄宗天宝元年，即742年，充满政治渴望的李白迎来了他一生中最重要的政治机遇。这一年，四十二岁的李白接到唐玄宗的诏书，来到他日思暮想的都城长安。自认超一流政治家的李白认为，这回自己总可以大展宏图了，唐玄宗这位明君就要把他留在身边、向他请教治理天下之术。事实真的会像李白想象的那样吗？唐玄宗会如何对待这位非同凡响的大诗人呢？

以诗人的身份昂首挺胸走进皇宫，成为皇帝的座上客，在中国古代诗歌史上，李白也许是唯一的一个。他能受到这样的礼遇，也算是皇恩浩荡了。李白与唐玄宗，一个是名满天下、个性张扬的诗坛奇才，一个是励精图治、开创盛世的当朝天子，他们会有着怎样不同寻常的会面呢？

一、初到长安

关于李白与唐玄宗的会面，李阳冰的《草堂集序》有较为详细的记载。由于李白与李阳冰特殊的亲密关系，所以这个记载的可信度比较高。《唐李翰林草堂集序》里这样记叙唐玄宗接见李白的情形：

> 天宝中，皇祖下诏，征就金马，降辇步迎，如见绮、皓。以七宝床赐食，御手调羹以饭之，谓曰：卿是布衣，名为朕知，非素蓄道义何以及此？

唐玄宗下诏书将李白召入长安宫中，玄宗下了步辇，走上前来迎接李白，这是很隆重的礼遇。玄宗还设宴款待李白，让他坐在七宝床上。这里的“床”是指坐具，七宝床就是镶嵌着七彩宝石的宝座。不仅如此，唐玄宗还亲自为他调制汤羹，对李白说：“你是一介布衣，我却听闻你的大名，如果不是你的道德品行高、文章做得好，咱们俩怎么能今天在这里会面呢？”从这一段话我们就可以知道，从接待的规格看，唐玄宗很器重他。此后便将他安排在金銮殿中、翰林院内，顾问国政，起草诏书，与闻机密。对于唐玄宗的这种礼遇，李白当然非常满足与自得，他曾在《驾去温泉宫后赠杨山人》一诗中回忆道：“一朝君王垂拂拭，剖心输丹雪胸臆。忽蒙白日回景光，直上青云生羽翼。幸陪鸾驾出鸿都，身骑青龙天马驹。王公大人借颜色，金章紫绶来相趋。”显然，长安的生活让他感受到前所未有的希望，感受到人生的巨大荣耀。

除了得到皇帝的赏识与器重外，李白在长安也与一些著名的诗人、文学家有交往，最具代表性的便是著名诗人贺知章，他的诗我们都很熟悉：

少小离家老大回，乡音无改鬓毛衰。
儿童相见不相识，笑问客从何处来？（《回乡偶记》）

碧玉妆成一树高，万条垂下绿丝绦。
不知绿叶谁裁出，二月春风似剪刀。（《咏柳》）

这两首脍炙人口的小诗，风格清新，朗朗上口，一千多年来广为流传，显示了极其旺盛的生命力。

李白来到长安的时候，贺知章已经八十多岁了，在朝廷担任太子宾客，是太子的属官，后来又被授予秘书监，从三品，负责管理、修撰图书经籍，算是高官。玄宗天宝二年（743），贺知章上奏玄宗请求回乡做道士，玄宗率百官为他赋诗送行，可见贺知章在朝廷享有较高的声誉，在诗坛上也占有一席之地。贺知章与李白在长安郊区的紫极宫见面。对于这次会面，李白后来在《对酒忆贺监》诗前小序中有所记叙：

> 太子宾客贺公，于长安紫极宫一见余，呼余为“谪仙人”，因解金龟换酒为乐。殁后对酒，怅然有怀，而作是诗。

这对李白来讲是一段值得骄傲的记忆，他与久负盛名的贺知章在长安相见。贺知章一见到李白就说，你哪是一般的人哪，你简直是从天上下凡的神仙！称呼他为“谪仙人”，认为李白气质非凡，有着不同寻常的仙风道骨。于是请他喝酒，两个人喝得十分尽兴，却发现身上的钱不够，于是贺知章将佩在身上的金制小乌龟换了酒喝。紫极宫其实就是老子庙，看来李白与贺知章的缘分根源于道教，也正是因为道教带给李白狂傲不羁的性格、飘逸洒脱的气质，才使他有了“谪仙人”之美称。对此称号，李白也沾沾自喜，常以此自谓，并在诗中多次提到与贺知章的会面，提到自己“谪仙人”这一称号。如：“四明逸老贺知章呼余为‘谪仙人’”（《金陵与诸贤送权十一序》）、“青莲居士谪仙人”（《答湖州迦叶司马问白是何人》）等等。

也有资料说，贺知章看到李白的名作《蜀道难》，大加赞赏，李白请贺知章指正此诗，贺知章一边吟诵，一边赞叹只有天上的神仙才能写出这样绝妙的诗句，于是解下身上佩戴的金龟换酒与李白一同畅饮。

这些故事的真伪姑且不论，《蜀道难》的确是一首千古绝唱：

> 噫吁戏，危乎高哉，蜀道之难，难于上青天。
>
> 蚕丛及鱼凫，开国何茫然。尔来四万八千岁，不与秦塞通人烟。西当太白有鸟道，可以横绝峨眉颠。地崩山摧壮士死，然后天梯石栈相钩连。上有六龙回日之高标，下有冲波逆折之回川。黄鹤之飞尚不得过，猿猱欲度愁攀援。青泥何盘盘，百步九折萦岩峦。扪参历井仰胁息，以手抚膺坐长叹。问君西游何时还，畏途巉岩不可攀。但见悲鸟号古木，雄飞雌从绕林间。

又闻子规啼夜月，愁空山。

蜀道之难，难于上青天。使人听此凋朱颜。

连峰去天不盈尺，枯松倒挂倚绝壁。飞湍瀑流争喧豗，砯崖转石万壑雷。其险也如此，嗟尔远道之人胡为乎来哉。剑阁峥嵘而崔嵬，一夫当关，万夫莫开。所守或匪亲，化为狼与豺。朝避猛虎，夕避长蛇。磨牙吮血，杀人如麻。锦城虽云乐，不如早还家。

蜀道之难，难于上青天，侧身西望长咨嗟。

《蜀道难》是一首鬼斧神工的作品，诗人展开丰富的想象，艺术地再现了蜀道峥嵘、突兀、强悍、崎岖的磅礴气势，展现了一个唐代知识分子的精神面貌。关于这首诗的主题，后世众说纷纭；诗中所蕴含的寓意，历代也争论不休。有人说是送友人入蜀，有人说歌咏蜀地山川的壮丽，还有人认为此诗是以山川艰险比喻仕途险恶，表现了诗人怀才不遇的愤懑。它虽然以七言为主，但将三言、四言、五言、七言、九言乃至散文句法都运用其中，使它冲破古典规范的束缚，获得新的生命。

明人胡震亨曾在《唐音癸签》中说："太白于乐府最深，古题无一弗拟。或用其本意，或翻案另出新意。合而若离，离而实合，曲尽拟古之妙。尝谓读太白乐府者有三难：不先明古题辞义原委，不知夺换所自；不参按白身世遭遇之概，不知其因事傅题、借题抒情之本旨；不读尽古人书，精熟《离骚》《选》赋及历代诸家诗集，无由得其所伐之材与巧铸灵运之迹。"的确是精深的见解。

毫无疑问，这是一首典型的谪仙之作，它当然会引起落拓不羁的贺知章极大的共鸣。贺知章对李白的称誉是非常重要的——他不但政治地位高，在文坛上地位也很高——这就使得李白名声更大了。

其实在此之前李白的名气也并不小。李白少年时期写过一篇《大鹏赋》，这是一篇模拟汉代大文学家司马相如的赋作。司马相如是李白最崇拜的文学家偶像之一。他曾在一首诗里希望自己能够“做赋凌相如”，要超过司马相如，所以他写了《大鹏赋》。当时的长安城里的很多人家都收藏有《大鹏赋》，说明李白的诗赋在当时已经广为人知。这样看来，李白初到长安，不但在政治上找到了自己的归宿，在文学上也有了自己的知音。

由此可知道，李白这一次进入长安，的确得到上至天子、下至大臣的器重。那么他究竟担任了什么官职？又做了哪些工作呢？

二、充任翰林

李白在长安究竟担任了什么重要的官职？对此，各种文献有着不同的说法，但总的结论是：李白被授予了翰林之职：

“天宝初，玄宗辟翰林待诏”（刘全白《唐故翰林学士李君碣记》）。

“遂直翰林，专掌密命”（范传正《唐左拾遗翰林学士李公新墓碑并序》）。

“与筠俱待诏翰林”（《新唐书·文苑列传》）。

“有诏供奉翰林”（《旧唐书·文艺列传》）。

“置于金銮殿，出入翰林中，问以国政，潜草诏诰，人无知者”（李阳冰《草堂集序》）。

“白亦因之入翰林，名动京师”（魏颢《李翰林集序》）。

这些文献的记载比较模糊，有的就说是翰林，没有具体说是翰林学士还是翰林供奉、翰林待诏，还有的将这几种说法混在一起。这对李白身份的辨别就出现了问题。那么，翰林究竟是一个什么样的职务呢？李白主要的工作内容是什么呢？

其一、李阳冰《唐翰林草堂集序》的记载应该是李白的说法——他经常出入金銮殿与翰林院，玄宗向他询问国政，在翰林院中秘密起草诏书，外臣不得与闻。有的时候玄宗需要李白起草诏诰之文，尽管李白已经喝得酩酊大醉，但依然能够迅速完成任务。根据文献记载，他还起草过一篇和蕃书：“草答蕃书，辩如悬河，笔不停辍。”（范传正《唐左拾遗翰林学士李公新墓碑并序》）这个文书也许就是唐朝与吐蕃之间的外交文书，可见李白可能精通吐蕃等外国文字。

其二，李白为玄宗与太真妃杨玉环写诗助兴。著名的《清平调三首》就是在这样的语境中诞生的。唐玄宗开元年间，兴庆池东沉香亭畔栽种了不少名贵的牡丹，到了花开时节，五颜六色，煞是好看：

> 开元中，禁中重木芍药。会花方繁开，帝乘照夜白，太真妃以步辇从，李龟年以歌擅一时之名。帝曰：“赏名花，对妃子，焉用旧乐辞为！”遂命李白作《清平调》辞三章，令梨园弟子略抚丝竹以促歌，帝自调玉笛以倚曲。（《松窗录》）

> 玄宗度曲，欲造乐府新辞，亟召白。白已卧于酒肆矣，召入，以水洒面，即令秉笔。顷之成十数章，帝颇嘉之。（《旧唐书·文艺列传》）

诗曰：

> 云想衣裳花想容，春风拂槛露花浓。
> 若非群玉山头见，会向瑶台月下逢。
>
> 一枝红艳露凝香，云雨巫山枉断肠。
> 借问汉宫谁得似，可怜飞燕倚新妆。
>
> 名花倾国两相欢，长得君王带笑看。

解释春风无限恨，沉香亭北倚阑干。

太真妃杨玉环本是唐玄宗儿子寿王李瑁之妃，后被唐玄宗看中，但直接迎入宫中有碍声名，就先将杨玉环度为道士，再以道士的身份进入宫中。当时杨玉环的身份还是道士，但已经入住兴庆宫陪侍玄宗。

第一首词写太真妃的美貌。太真妃的衣裳如云彩一般灿烂，容貌如牡丹般美丽，承受着皇帝的恩宠，这样的美貌真是人间少有，只有在仙界才能一见。第二首词将太真妃与巫山神女、赵飞燕做比，进一步渲染玉环所受宠幸。诗说楚王与神女的巫山爱情虽美，但与玄宗、太真的爱情相比却不过是虚幻的梦境。在大汉的皇宫里，有谁可以与贵妃所得的恩宠相媲美？恐怕只有新妆之后的赵飞燕了。第三首词写美丽的牡丹花正盛开，美艳的太真妃也在身旁相伴，玄宗心中是多么愉悦！有名花美人在眼前，心中的任何惆怅都会消散。

总之，李白初至长安时，与唐玄宗的关系很密切。而李白这一时期的心情、心境也颇不寻常，他后来写诗回顾自己在长安这段生活的时候也很得意。《东武吟》："君王赐颜色，声价凌烟虹。……归来入咸阳，谈笑皆王公。"意思是，自己得到皇帝的宠信，往来宫禁之中，声誉与身价很高，仿佛就要进入唐太宗专门表彰功臣的凌烟阁了，身边谈笑的人物都是王公大臣。当初唐太宗为了表彰功臣，曾将二十四功臣画像立在凌烟阁上予以表彰。李白觉得凭借自己的声誉、才华，也一定可以进入凌烟阁。

再如《赠从弟南平太守之遥二首》："汉家天子驰驷马，赤车蜀道迎相如。天门九重谒圣人，龙颜一解四海春。翰林秉笔回英盼，麟阁峥嵘谁可见。承恩初入银台门，著书独在金銮殿。……当时笑我微贱者，却来请谒为交欢。"自己奉诏进入长安，如同汉武帝召见司马相如一样无比荣耀。拜谒天子龙颜大悦，四海之内草木逢春。

身为供奉翰林，深受皇帝的器重，每天都出入在翰林院，著书在金銮殿。当年嘲笑我低微贫贱的人，现在却来纷纷与我结交。

又如《驾去温泉后赠杨山人》："一朝君王垂拂拭，剖心输丹雪胸臆。忽蒙白日回景光，直上青云生羽翼。幸陪鸾辇出鸿都，身骑飞龙天马驹。王公大人借颜色，金璋紫绶来相趋。"一朝得到君王的重用，就要全心全意地为国效力。得到皇帝的恩遇，就会青云直上。我陪侍着皇帝驾出城门，胯下是圣上所赐的宝马。王公大人纷纷前来巴结，大官显要都来与我交往。言辞之间颇为得意、得志。

按照李白的这些说法，他刚入长安的时候，政务繁忙，社会活动很多，王公大臣都纷纷看中他的地位与才华，他在长安必定能够大展宏图。

问题的关键在于，既然李白天宝元年（742）秋天进入长安时，深受朝廷上下尤其是玄宗皇帝的器重赏识，那为什么天宝三年初春，李白就匆匆忙忙离开长安呢？要知道，李白为了获得这个一飞冲天的大好良机，整整努力、等待了十几个年头，然而当机会真正来到身边的时候，他却只在长安待了不到两年时间！区区一年多的时间，又如何能够实现他的宏图大志呢？在李白的身上究竟发生了什么事情？难道他真是可以"潇洒""浪漫"到如此地步的人吗？

显然不是。应当说，李白离开长安的原因是多方面的，但是最核心的原因或者问题在于：李白在长安宫中究竟担任过什么具体的职务？这个职务与李白所要实现的政治理想之间有没有必然联系？换言之，李白在宫中所担任的职务是否能够帮助他实现远大政治理想？这其实是李白此次长安之行成败与否的关键，也是他是否有必要居留长安的关键所在。

经过考察研究，我们得出的答案是：李白在长安期间，虽然得到唐玄宗的礼遇与敬重，但是他并未真正得到玄宗的政治重用，因为他所担任的不是具有政治意义的"翰林学士"，而只是陪侍皇帝游戏诗文的“翰林待诏”或“翰林供奉”。这两个职位有着本质的区别。说通俗一点，李白进入了宫廷，见到了皇帝，但皇帝递给他的不是谋划江山、起草诏书的天子之笔，而是一支粉饰太平、润色王业的词臣之笔。对于李白来讲，这支笔并不能给他描绘出美好的政治前途，这就是问题的关键所在。

三、翰林学士与翰林待诏

那么，同在皇宫禁地，翰林待诏与翰林学士的差别究竟在哪里？才华横溢、胸怀抱负的李白为什么就不能成为翰林学士呢？

如果我们认真翻检一下有关史料，就会发现，新旧《唐书》中没有李白任翰林学士的记载，李白的诗文中也从未称呼自己是翰林学士。至于他的朋友如杜甫、贾至、任华、独孤及、魏颢等人在与他交往的诗文中，也没有人称他为翰林学士。中晚唐时代，几位作过翰林学士的官员，都曾专门著书整理纪录有关唐翰林学士的史料。如李肇《翰林志》、元稹《承旨学士院记》、韦处厚《翰林学士记》、韦执谊《翰林院故事》、杨钜《翰林学士院旧规》、丁居晦《重修承旨学士壁记》等。正因为有这些资料，我们对从唐玄宗开始直至晚唐的翰林学士有较为清晰的了解。在这些资料当中，从来没有出现李白的姓名。可见，李白从未担任过翰林学士，他担任的是翰林供奉。

那么，翰林供奉与翰林学士有什么区别？这得从翰林院与翰林学士院的区别说起。

唐代的宫廷制度规定，凡是皇帝行止所到之处，要有御用文人、术士等候诏命。这些御用文士、术士并非皇帝的政治助手，而是陪侍皇帝从事文艺、游赏之事。这些人当中有吟诗作赋的文辞之士、有饱读典籍的经学之士、有算卦者、杂耍者、司棋者、论道者、念佛者、求仙者、书画者，吹拉弹唱、三教九流，无所不有。他们在翰林院里随时等候皇帝的召见，所以叫翰林待诏，也叫作翰林供奉。比如皇上赏月，便召唤诗文待诏写诗助兴；比如皇上游园，看见景色迷人，便召唤画待诏作画等等。

有时候，皇上偶尔也会询问翰林待诏一些政治问题、民生问题，甚至要他们起草一些并不重要的一般性文书（不是诏书），但这并非他们的主要工作。从根本上来说，他们的工作与政治毫无关系，皇帝也不会将他们这个群体与国家政治联系在一起。在宫廷中，他们与皇帝的关系虽较为密切，有侍奉之便，但是并没有什么政治地位，更不可能发挥较大的政治作用，当然也就没有什么政治前途。

诗文待诏只不过是诸多待诏中的一种，其地位比其他待诏要高一些，其中有一些表现优秀的诗文待诏，也会逐渐发展到给皇帝起草诏书，具有了政治身份，但这批人数量并不多。

再看翰林学士。朝廷中负责起草皇帝诏书的，是中书省的中书舍人。古代负责诏书起草的工作非常重要，实际上是参与国家重大事务的决策工作。唐玄宗即位后，随着国家行政事务的日益繁多，原本负责起草诏书的中书省官员，特别是中书舍人繁忙不堪，工作效率低下。玄宗于是常常抽调朝廷其他部门中一些精通文辞、学识渊博的官员临时负责起草诏书的工作，这属于临时差遣工作，这些人常常被称为翰林供奉或翰林待诏。他们的临时办公地点就在翰林院中，与那些御用文士、术士的待诏们在一起办公，这就是《文献通考》“翰林初置”中所说的“人才与杂流并处”。

开元二十六年（738），玄宗进行了一个改革，将那些专门负责起草诏书、执掌朝廷密命的翰林供奉（待诏）正式改称为翰林学士，并在原来翰林院的南面修建翰林学士院，与北面的翰林院区别开来。这个时候，翰林学士就从原来的翰林院杂班子中脱颖而出，翰林学士草诏也就由临时性的差遣逐渐成为固定的职务。这样，起草诏书的翰林学士们就在南边的翰林学士院办公，主要从事政治决策、政治顾问与起草诏书的工作。而那些陪侍皇帝娱乐游赏的翰林院待诏们还继续在翰林院里待诏，从事侍奉皇帝文化娱乐的活动。

与翰林供奉或者翰林待诏不同，翰林学士们的权力很大，在当时扮演着重要的政治角色。他们的出现从客观上分解了中书舍人的权力，也就是分解了宰相的权力。因为中书舍人是直接受命于宰相的，而翰林学士是直接受命于皇帝的，不从属于任何其他官僚机构。所以翰林学士实际上即是皇帝的私人政治秘书和政治顾问，它的设置是玄宗集中皇权的一个重要步骤。皇上要通过设立翰林学士分割宰相的权力，扩大皇权。到了唐代中期，翰林学士特别是他们的首长翰林学士承旨，往往十之八九都是宰相的预备人选，所以又被称之为“内相”，可见这个职位的重要性。

翰林学士有一个特点，是本身并不是一种有品级的官职。史料显示，唐代正九品至正四品的官员都有机会担任翰林学士。但是翰林学士本身没有品级，也就没有俸禄，所以担任翰林学士者必须有其他正式的官职，才能在官场上有属于自己的序列，才有与官职相应的俸禄。唐德宗时期的翰林学士姜公辅、唐宪宗时期的翰林学士白居易，都遇到过一个同样的问题，就是没有足够的俸禄来支撑生活，所以他们请求皇帝能够给他们兼领一个俸禄优厚的官职，其主要目的就是要拥有这个官职所具有的俸禄：

> 姜公辅……授左拾遗，召入翰林为学士。岁满当改官，公辅上书自陈，以母老家贫，以府掾俸给稍优，乃求兼京兆尹户曹参军，特承恩顾。……德宗多从之。（《旧唐书》卷138《姜公辅传》）

> 居易奏曰：“臣闻姜公辅为内职，求为京府判司，为奉亲也。

> 臣有老母，家贫养薄，乞如公辅例。”于是，除京兆府户曹参军。（《旧唐书》卷166《白居易传》）

可见，唐代的翰林学士都有一个别任官职，他在朝廷上排列次序的时候就以这个官职的高低为根据。而在皇宫内设宴时翰林学士排在宰相之下，一品官员之上：“班次各以其官，内宴则居宰相之下、一品之上。宪宗时，又置‘学士承旨’。唐之学士，弘文、集贤分隶中书、门下省，而翰林学士独无所属，故附列于此云。”（《新唐书》卷46《百官志》）

从这一点来看，李白所担任绝对不是翰林学士，而是翰林待诏。因为他在长安一年多的时间里，没有担任任何官职，唐玄宗也从未给他任命过任何官职。这不符合翰林学士任职的常例，因为他只是翰林待诏，所以只需拿待诏的俸禄即可。对于唐玄宗而言，也许根本就没有想在政治上使用李白，他与其他在翰林院中的那些僧道、术士没有什么本质的区别，只是一个侍奉皇帝文化娱乐的御用文人而已。

因此，李白在长安的命运从一开始就被严格的限定在另一个框架当中。他的办公地点不在南面的翰林学士院中，而是在北边的翰林院当中。换言之，从玉真公主将他推荐给唐玄宗开始，玄宗就是将他看作侍从文人人选，而不是政治人物人选，所以才将他置于翰林院之中而不是翰林学士院中。从玄宗乃至后来各个历史时期翰林学士的选拔任用程序来看，他们几乎无一例外都是从朝廷的官员中选拔出来的，而从未将一个布衣之身直接选拔进入翰林学士院。而对于李白的选拔就不一样，那种由民间草泽布衣之士直接跃上龙庭的浪漫选拔方式，固然非常符合李白本人不飞则已、一飞冲天的奇幻理想，却远远不是翰林学士选拔的正规程序。毕竟对于政治顾问、政治秘书的选拔要严肃得多，也要慎重得多。对于李白的推荐选拔，显然更符合一个文人的标准，而不是政治家的标准。

四、翰林生涯的诗文创作

尽管玄宗并未在政治上重用李白，但能直接进入唐皇朝的政治中心，却是李白一段不同寻常的经历。李白在任翰林供奉期间以及日后的许多时间里，都创作了不少作品来记录这段生活。如在长安时期所写的作品：

巨海纳百川，麟阁多才贤。
献书入金阙，酌醴奉琼筵。
屡忝白云唱，恭闻黄竹篇。
恩光照拙薄，云汉希腾迁。(《金门答苏秀才》)

羽林十二将，罗列应星文。
霜仗悬秋月，霓旌卷夜云。
严更千户肃，清乐九天闻。
日出瞻佳气，葱葱绕圣君。(《侍从游宿温泉宫作》)

除此之外，还有《从驾温泉宫醉后赠杨山人》《温泉侍从归逢故人》《朝下过卢郎中叙旧游》等诗，从中可以看出，李白尽管只是个翰林院待诏，而不是翰林学士。但他的诗也洋溢着入朝的骄傲，他热情地赞美朝廷，称赞皇帝身边卓越的人才，当然他自己也是这诸多贤才中的一位。在他的诗中，皇帝游温泉宫具有政治祥瑞的特征，在他的心中，玄宗是一个圣君，如同太阳一样伟大，可以给唐皇朝带来美好的气象。

但是李白毕竟没有在玄宗身边扮演政治角色，只是一个御用文人，这离他的政治理想有着很大的差距，他因自己的诗文得到玄宗的赏识，但这种赏识与玄宗对优伶的赏识没有本质区别。所以李白虽然在玄宗身边，但他的内心是极度不平衡的，巨大的理想与现实的处境之间有着很大的差距，这也使得他的内心非常郁闷。在他的诗中，从来没有为皇帝起草诏书或者机要文书的记载，有关政治生活的记录也仅仅是"晨趋金门中，夕待金门诏"，是在翰林院值班、等待皇帝的诏命。这段时间，李白也曾感觉到失落。他的一些诗作表现了自己一种既闲散又无聊的情绪。如《翰林读书言怀呈集贤院内诸学士》："观书散遗帙，探古穷至妙。片言苟会心，掩卷忽而笑。"集贤院中藏书很多，李白也常常与集贤院的学士、校理交流读书的心得体会，这也许是李白在宫中唯一可以进行精神交流的地方。但这并不是李白来长安的初衷，他更愿意与唐玄宗或者一些朝廷重臣来交流政治体会，而不是读书心得。但是在长安，唐玄宗一直没有给他这个机会，因而他的心情始终是苦闷的。

总之，李白在长安这一时期的诗文有两种倾向：其一，表现自己深受玄宗器重时那种得意的情状，或者表达对皇帝的感恩之情。其二，表现自己没有实现巨大政治理想抱负的怨愤，打算离开长安。

一年多以后，李白被"赐金放还"，但长安这段经历成为他一生最光辉的记忆。离开长安后，李白也写了不少回忆长安生活的诗文，其中不少是反映自己在翰林院的生活的，比如：

> 是时仆在金门里，待诏公车谒天子。（《走笔赠独孤驸马》）

> 当时待诏承明里，皆道扬雄才可观。
> 敕赐飞龙二天马，黄金络头白玉鞍。（《答杜秀才五松见赠》）

> 攀龙九天上，别忝岁星臣。
> 布衣侍丹墀，密勿草丝纶。
> 才微惠渥重，谗巧生缁磷。(《赠崔司户文昆季》)

> 上皇闻而悦之，召入禁掖。既润色于鸿业，或间草于王言，雍容揄扬，特见褒赏。为贱臣诈诡，遂放归山。(《为宋中丞自荐表》)

这些诗、文所描写的情景，与李白在长安时期的描述有很大的不同。在长安，李白即便有抱怨与不满，但那时他毕竟处于政治、文化中心，那是一种居于优势的抱怨。那时候，他似乎随时都可能实现自己的政治理想，因为他就在皇帝的身边。可是离开长安以后，也就离开了自己的政治理想，要想再进入唐皇朝的政治中枢谈何容易？因而李白对长安翰林的这段经历有了别样的感情。在他的记忆中，这段经历充满了值得回忆、值得骄傲的地方，其中显然带有夸张的成分，不能完全看作是历史的实录。因为李白并不曾担任过翰林学士的职责，是不可能参与起草诏书的，更不可能被委以政治重任。

但这种夸张出现在李白身上，又是完全合乎情理的。我们所理解的李白是这样的：他对于自己政治前途的设计，对于自己政治理想的描述，对于自己政治才能的自许，都有一个共同特点，就是极富夸张与浪漫意味，这也是李白所有诗、文一个突出的特点。因而，他对于自己在长安的这一段特殊经历的夸饰也在所难免。尤其是当这一段经历以不大愉快的方式结束时，李白为了抬高自己今后进身仕途的身价，为了将这一段经历作为今后继续图谋政治前途的资本、基础而不是绊脚石，必然会对它进行必要的美化与修饰。毕竟，这是李白一生中唯一一次如此贴近大唐中枢的政治神经，唯一一次如此贴近自己政治理想的脉搏，这种珍贵的记忆与资本，毕竟不是任何一个诗人都拥有的。

李白这些回忆、描写长安翰林生涯的诗、文还有一个特点，那就是自己之所以在短短一年多后离开长安，既不是自己的责任，也不是玄宗的责任，而是宫中奸佞小人的责任，自己是在他们的迫害与排挤下离开长安的。所谓“丑正同列，害能成谤，格言不入，帝用疏之”（李阳冰《草堂集序》）；“上重之，欲以纶诰之任委之，同列者所谤，诏令归山”（刘全白《唐故翰林学士李君碣记》）；“谗惑英主心，恩疏佞臣计”（李白《答高山人》）；“君王虽爱蛾眉好，无奈宫中妒杀人”（李白《玉壶吟》）；“为贱臣诈诡，遂放归山”（李白《为宋中丞自荐表》）。总之，奸臣作祟，离间了他与玄宗之间的关系，所以才不得已离开长安。

那么，李白在长安不得志、不得意，不得不离开长安，除了翰林学士、翰林供奉这些体制的原因之外，还有什么原因呢？是不是真的有人对他进行政治迫害？是不是真的有人进他的谗言？这就是下一章“长安失意”所要解决的问题。

第四章

长安失意

一心想在政治上有所作为的李白，由于处在御用侍从文人的位置上，在长安并没有得到唐玄宗在政治上的重用。然而这并不等于说李白在长安没有任何的政治机遇，相比较其他的读书人而言，李白身居长安宫中、玄宗身旁，获得政治机遇的机会要大得多，尤其是他身居翰林诗文供奉，地位比其他类型的供奉要高，获得政治提升的机会更大。但是，李白并没有获得他所期望的政治机遇，当然也更谈不上政治业绩了。那么，李白为什么没有能够获得政治机遇呢？他为什么没有获得唐玄宗的器重赏识？民间盛传杨玉环、高力士在唐玄宗面前诋毁、诽谤李白，使他不得不离开长安，这究竟是真还是假?

虽然李白担任的不是翰林学士而是翰林供奉，但只要他继续随侍在唐玄宗身边，也许还有机会。事实上，后来有不少像李白这样的翰林供奉、翰林待诏，甚至地位更低，只要真的具有政治才能，也有机会一展身手。难道，李白真的在长安没有遇到任何机会吗？

有资料显示，唐玄宗似乎曾有意授予李白官职，或者说存在这种可能性，但最终因为种种原因没有付诸实施。我们现在不妨做个假设，除去翰林学士这个体制性的原因，李白如果真的有获得做官的机会，究竟是什么原因使得唐玄宗收回成命呢？

关于李白在长安谋求仕途失败的原因，有很多不同的答案。有人认为李白当时所处的政治环境非常黑暗，李白之所以离开长安，关键在于当时统治者高层日益腐败的政治环境，唐玄宗的统治昏聩荒淫、忠奸不辨、听信奸佞小人对李白的谗言与诽谤，所以唐玄宗渐渐疏远了李白，打消了重用李白的念头。有人甚至认为李白离开长安这个行为本身就是唐玄宗统治日趋腐败、黑暗的标志。这些观点的核心是：李白离开长安的主要原因不在于自己，而在于奸臣当道、朝政腐败。这样的客观环境导致李白无所作为并遭到排挤。那么，李白当时所处的具体政治环境究竟如何呢？具体说来，李白所能涉及的主要政治人物有唐玄宗、李林甫、杨玉环、高力士等，在当时，能够对李白政治命运产生影响的主要也是这几个人。

李白进入长安是在天宝元年（742）。这一年李白四十二岁，玄宗五十七岁，高力士侍奉玄宗已经十一年左右，李林甫担任宰相已经八年，开元盛世已经持续了三十年，二十四岁的杨玉环才开始以太真道士的身份入住兴庆宫，杨国忠还在遥远的四川处于穷困潦倒之中，三十九岁的安禄山刚刚担任平卢节度使，羽翼尚未丰满。

我们可以逐一分析，试着寻找他们这几个人与李白的利害关系，看看这些人究竟在多大程度上影响了李白政治命运。理清了这些，我们就可以比较客观地分析李白政治失败的原因，从而能够客观地评价李白在长安的政治生活。

一、高力士、杨玉环与李白

我们先来看高力士。高力士本名冯元一，是玄宗最宠信的宦官，也是唐代著名的宦官之一。他幼年入宫，由一个名叫高延福的宦官收为养子，所以改名高力士。由于曾帮助唐玄宗平定韦皇后和太平公主之乱，深得唐玄宗的宠信。在唐玄宗统治期间，他的地位达到顶点。在皇宫里，高力士拥有特殊的地位，就连李林甫和杨国忠也都争相讨好高力士。蔑视权贵、桀骜不驯的李白与高力士之间有什么特殊的交往吗？民间盛传力士为李白脱靴的故事，究竟是真是假？力士会不会因为给李白脱靴而怀恨在心，向玄宗进李白的谗言呢？

关于力士为李白脱靴的故事，最早的出处来自于唐人杂史笔记《国史补》（李肇撰）和《酉阳杂俎》（段成式撰）。故事是这样的："李白名播海内，玄宗于便殿召见，神气高朗，轩轩若霞举。上不觉忘万乘之尊，因命纳履。白遂展足与高力士曰：'去靴！'力士失势，遽为脱之。"李白在宫中受到玄宗的接见，神气高朗，气宇轩昂，玄宗被他的神采所震慑，竟然忘记自己贵为帝王之尊，允许李白脱下自己的靴子，意思是让李白随意一点，不必那么拘束。李白于是将脚伸给高力士说：帮我脱掉靴子！高力士一时手足失措，居然就给他把靴子脱掉了。人们常常以这个故事作为李白傲视权贵，又受到玄宗格外宠爱的例子。殊不知在这段故事的末尾，李白离去后，玄宗对高力士说，李白这个人“固穷相”，意思是说，这个人成不了大器，一副小人得志的样子。高力士为李白脱靴的故事在民间流传很广，许多人信以为真，历代的戏曲小说中都有这个故事，成为表现李白在权贵面前傲岸不屈的典型例证。

然而，我们只要认真思考一下就会发现，这则故事大有问题。从故事的源头上来讲，这个故事的真实性很值得怀疑。高力士到底是个什么人呢？他是玄宗最信任的“老奴”，对玄宗尽心尽力。“老奴”这个称谓毫无贬义，而是一种特殊的亲近称谓。唐玄宗曾说：“力士当上，我寝则稳。”只要有高力士在宫中值班，我就可以睡大觉。以唐玄宗的英明神武，讲出这一番话来，充分说明他对高力士信任的程度。高力士对唐玄宗自然也是尽心尽力，《旧唐书·宦官列传·高力士传》记载：“景龙中，玄宗在藩，力士倾心奉之，接以恩顾。”正是由于高力士对玄宗的忠心耿耿以及平定太平公主政变的业绩，才使他得到了玄宗的信任，从而与玄宗关系密切，并拥有了较高的社会地位和一定的政治权力：“每四方进奏文表，必先呈力士，然后进御，小事便决之。”（《旧唐书·宦官列传·高力士传》）

尽管高力士有如此大的权力，但他本人从不乱政，而是全心全意地辅政。高力士这个人有三大性格特点：第一，对唐玄宗无条件的绝对忠诚；第二，做事非常谨慎：“力士谨慎无大过”（《册府元龟》卷667《内臣部》）；第三，在政治上特别精明。他向玄宗提的建议一般都是出于维护皇权、忠于朝廷的立场。玄宗有什么家事、朝政都愿意听他的意见，极其信任他。因此高力士在朝中地位相当高，唐玄宗也不断地给高力士加官晋爵。天宝初年，高力士被封为冠军大将军、右监门卫大将军，晋爵渤海郡公，后来又被封为左监门卫大将军，为正三品，权倾朝野。在宫中，玄宗一般不称呼高力士的名字，而是称他为将军，皇太子则称他为“二哥”，其他王子、公主都叫他“阿翁”，尊他为长辈，驸马则称他为“爷”。从这些称谓中我们就可以了解到高力士在宫中的特殊地位。以他这么高的地位，怎么可能为李白脱靴呢？李白固然清高自傲，但是从身份而言，毕竟只是个翰林待诏，他有多大的胆量，敢让高力士这样一个重要人物在皇帝的面前给他脱靴？再说，李白自己非常珍惜这次入长安的机会，他在宫中侍从游宴、奉诏作诗都很谨慎。他既无可能也完全没有必要让力士这个权贵给自己脱靴，这个行为不仅不会给自己带来任何好处，却只会带来很大的麻烦。

退一万步讲，即便真有脱靴的事情发生，非但不能说明李白蔑视权贵、行为清高，反而只能说明李白是一个不识大体、不顾大局的人。其实这种行为方式并不符合李白的真实性格、个性。在大庭广众之下让高力士为自己脱靴，难道就等于傲视权贵吗？从本质上来说，命人脱靴这种轻薄浮躁如同浪子一般的荒诞行为方式，与李白浪漫豪迈、旷达清俊的言行方式根本格格不入。另一方面，这样一件看似在权贵们面前扬眉吐气的“光辉”事迹，李白却从未在诗文中提及。按照李白的个性，如果真有其事，他怎么会保持沉默呢？

后人为了塑造李白蔑视权贵、傲岸不群的精神姿态，在他身上附会了太多的故事，力士脱靴只不过是其中的一例。唐代的著名诗人何其多，可脱靴这个故事偏偏就附会在李白的身上，个中道理也很简单：这样的故事最有可能发生在李白的身上，如果说发生在杜甫、李商隐身上，不可能有人相信。因为这件事情比较符合李白性格的逻辑和风采。但事实上，高力士为李白脱靴这样的事情，在历史上从来没有发生过，只不过是一个民间传说。

说完高力士，再来看杨玉环。

杨玉环是中国历史上具有传奇色彩的女性，她本是唐玄宗第十八子寿王李瑁的王妃。737 年，唐玄宗宠爱的武惠妃病死。高力

康震

明月出天山蒼茫雲
海間長風幾萬里
吹度玉門關

丁酉秋 康震

士为了讨唐玄宗欢心，便向唐玄宗推荐了寿王妃杨玉环。杨玉环精通音律、擅长歌舞，很得唐玄宗的喜爱。天宝四载（745），在玄宗的精心安排下，杨玉环请求进宫做女官，住进南宫，玄宗赐号“太真”，不久又册封她为“贵妃”。杨玉环入宫后，深得唐玄宗的宠信。杨玉环与高力士都是玄宗身边最亲信的人，也是对玄宗最有影响力的人之一。因此，许多人也将目光锁定在杨玉环身上，认为她也是阻碍李白仕进与政治前途的又一个进谗言者。

说杨玉环向玄宗进谗言，主要是与高力士联系起来的。高力士因为脱靴一事怀恨在心，于是撺掇杨玉环向玄宗进谗言。高力士撺掇杨玉环的借口就在李白的《清平调三首》其二：

一枝红艳露凝香，云雨巫山枉断肠。
借问汉宫谁得似？可怜飞燕倚新妆。

这首诗写得很美。第一句说牡丹花上落满露水，非常娇艳。第二句说巫山女神纵然多么浪漫、美丽，依然无法与杨玉环相比。第三、四句说杨玉环的美貌，也许只有汉宫赵飞燕可与媲美。

传说高力士就对杨玉环讲，李白将你比做赵飞燕，这是贬低你的人格，是对你人格的侮辱。因为赵飞燕本是阳阿主家的歌舞乐伎，出身微贱，汉成帝微行过阳阿主家时，被她的舞姿吸引，方才召她入宫，后又将她立为皇后。杨玉环听信了高力士的话，于是在玄宗面前极力诋毁李白，唐玄宗于是不再重用李白云云。

这些说法都站不住脚。第一、赵飞燕是西汉成帝的皇后，擅长歌舞，受成帝宠信的经历与杨玉环颇有些相似，李白将杨玉环比作赵飞燕非常恰当，毫无贬损之意。假如将杨玉环比作褒姒、西施、貂蝉，那当然就很不合适，因为这几个女人都曾有参政、乱政的行为记录。而赵飞燕本人从未参政也未乱过政，李白这首诗中使用赵飞燕这个意象的主要作用，其实是为了衬托杨玉环的美貌，并不具有其他更深入的含义，更不用说政治含义与贬义了。其实，赵飞燕这个名字在唐代的许多文学作品中，都常常以美女的代名词而出现，丝毫没有贬损之意。

第二、《清平调》是李白奉玄宗诏命而写。李白的《清平调》撰成之后，玄宗非常喜欢，立刻命李龟年等乐工谱曲演唱。如果李白在诗中隐含如此强烈的讥讽之意，以唐玄宗的博学多闻、擅长诗文、精通音乐，难道还看不出来吗？李白固然清高自傲、平交王侯，但他毫无必要也不至于非得在这个时候讥讽杨玉环、触怒唐玄宗，这对于在长安谋求仕进之途的李白来说有百害而无一利。更何况杨玉环当时尚未被封为贵妃，只是以太真道士的身份入住宫中，还没有成为后来煊赫一时的贵妃，杨国忠也没有出任宰相、权倾朝野。所以李白也根本没有抨击、讥讽杨玉环的理由。至于有人认为，“云雨巫山枉断肠”一句是讽刺杨玉环曾为寿王李瑁王妃，“枉断肠”特指寿王，就更是无稽之谈了。

从以上对高力士、杨玉环的分析来看，说高力士和杨玉环曾经在唐玄宗跟前进谗言，说李白的坏话，这些说法在史实上是很难成立的。这大都是后世笔记杂史作者杜撰出来的，其目的也许是为了强化李白傲岸不群、蔑视权贵的形象吧。

二、唐玄宗、李林甫与李白

有人认为，唐玄宗的后期荒淫骄奢、不理朝政，李林甫则大权独揽、嫉贤妒能，造成朝政腐败、政治黑暗，这对于李白在长安的政治命运有非常不利的影响。

我们先来看看天宝时期的政治环境。这一时期，唐玄宗早就罢免了宰相张九龄，任用李林甫为宰相。许多学者都认为，罢免张九龄，任命李林甫，是盛唐皇朝开始由盛转衰的一个标志。

李林甫到底是一个什么样的人呢？他擅长音律，但没有多少才学，长于机变、钻营，阴险狡诈，其政治权术登峰造极，不仅一般人为之心惊，即便老奸巨猾者也望而生畏。

根据史料上的记载，他为人有三个主要特点：第一，当面说好话，背后说坏话，口蜜腹剑，陷害忠义大臣："或阳与之善，啖以甘言而阴陷之。……世谓李林甫'口有蜜，腹有剑'。"（《资治通鉴》卷215）第二，大权独揽，堵塞言论，不准朝臣发表言论。李林甫的这种作为，破坏了唐太宗以来大臣进谏皇帝、皇帝虚心纳谏的优良政治传统，破坏了君主放手信用大臣、大臣尽心辅佐君主的良好政治格局。第三、嫉贤妒能。李林甫作为宰相，不但不向唐玄宗积极推荐人才，反而还阻碍人才发展："李林甫为相，凡才望功业出己右及为上所厚、势位将逼己者，必百计去之。"（《资治通鉴》卷215）"上欲广求天下之士，命通一艺以上皆诣京师。……既而至者皆试以诗、赋、论，遂无一人及第者，林甫乃上表贺野无遗贤"（《资治通鉴》卷215）。制科考试，本来是面向朝野广求学有专能贤才的举措，然而由于李林甫的刻意阻碍，一个人都不曾录用，李林甫居然还上疏玄宗表示祝贺，说"野无遗贤"——天下人才已经全部搜罗入朝，民间已经没有被遗漏的贤能之士才了，所以录取名额为零。

就是这样一个奸臣，唐玄宗对他却大加重用，而且一用就是整整十六年，在他之前的数位贤相如姚崇、宋璟、张说、张九龄等，任期也不过三四年左右。因此许多人将矛头直接对准唐玄宗，认为他是天宝以后大唐政治腐败的总根源。归结起来，唐玄宗有这样几条荒政误国的表现：

一、不理朝政，将行政权力交给李林甫，自称无为而治，其实是大权旁落，客观上导致奸臣当道，朝廷的政治风气越来越坏；

二、追求长生不老，寻找方士、道士给自己炼长生不死之药。

这其实是唐朝皇帝的通病，好些所谓的明君如唐太宗、唐宪宗就死于这些长生不老药；

三、崇拜老子、道教，到处铸造老子真容，一时间朝廷上下、宫廷内外迷信、谶纬活动猖獗；

四、骄奢淫逸，专宠杨玉环，生活腐化堕落。

其实如果我们冷静地思考一下玄宗的这四个特点，就不难发现，这些特点远非唐玄宗所专有，许多古代的皇帝在他们统治的后期都有这些特点。

那么，唐玄宗与李林甫这对君臣究竟对天宝政治造成了怎样的危害呢？这样的危害对李白在长安的政治前途到底造成了怎样的影响呢？这里先稍稍宕开一笔，说说唐代皇帝与宰相的关系。

首先需要评价唐玄宗罢免张九龄、任用李林甫这一政治举措，这是评判玄宗天宝时期政治风气、政治格局的关键所在。古代社会的政治中枢格局中有许多矛盾，其中皇帝与宰相的矛盾最为关键，也最为核心。这不是具体的人与人之间的矛盾，而是体制之间的矛盾。打个通俗的比方，皇帝好比是国家的董事长、所有者，宰相则是国家的最高执行官、经营者。随着古代官僚政治体制的不断运行、完善、成熟，执行官要求在决策、行政等方面拥有更大的权力，而皇帝出于自身至高无上的特权利益，必须将最重大的权力最大限度的掌握在自己手中。于是皇帝必然要求宰相成为无条件忠实于自己的执行官。

问题在于，宰相一旦成为官僚体制运行中的一个环节，就必须要遵循官僚体制自身的规律来运行。再比如，皇帝的舅舅犯了杀人之罪，宰相必须按照法律的相关规定惩罚甚至处死国舅。但是这样做不符合皇帝的根本利益。《礼记》中说“刑不上大夫”，如果惩罚甚至处死国舅，就会有损君王九五之尊的崇高威望，也会触动皇亲外戚的政治利益。总而言之，宰相要按照官僚体制办事，君主要求维护皇权的利益，这就必然会产生体制之间的矛盾甚至冲突。在古代社会体制中，皇帝的权力是没有边界的，这个绝对权力要求官僚体制无条件服从他的意志。而官僚体制则要求皇帝尽可能在体制框架内行使绝对权力（其实是希望它转变为相对权力），要求宰相自身具有相对独立的意志力，这就是皇帝与宰相之间的矛盾。

唐玄宗天宝初年，开元盛世已经持续了三十年，国家空前强盛，君权空前强大，君权与君主的意志也空前膨胀。换言之，这个时期的玄宗更需要一批唯命是从的执行者，而不是皇权的监督者。开元时期的宰相如张说、张九龄等，他们是一批具有很高文艺修养的文辞之士，又是一批具有较高政治品德、政治信念的鸿儒、大儒。张说、张九龄等大臣拥有完整的儒家政治学说与政治理念，这些学说、理念足够回答、解释一个皇朝应该拥有怎样的国君、宰臣，应该具有怎样的政治格局与政治目标。他们希望国君恪守古代理想政治的格局、规则，希望自己能做一个不仅为皇家谋利益，更为天下百姓谋利益的宰相。当皇帝勤于政务、以天下民生为本的时候，宰相的意志就能较好地与帝王相统一，而当皇帝的统治意志衰退甚至开始骄奢淫逸的时候，宰相的意志就会与皇帝的意志发生矛盾。毫无疑问，像这样一批太过遵守、忠诚于儒家传统政治学说的宰相，与唐玄宗权力膨胀的趋势是有矛盾的。

开元盛世见证了玄宗的政治才能，这足以使他成为一代明君。尤其是张九龄任相时期，奖掖后进，选用新人，积极进谏，排除奸佞，造就了较为清明的政局。然而随着唐玄宗皇权意志的不断膨胀，对于张九龄等宰相的意见就越来越听不进去了，而李林甫最大的特点就是善于揣测玄宗的真实意图，一味迎合玄宗心意说话，深得玄宗的器重。

比如，开元二十四年（736）十月，唐玄宗想从东京洛阳回驾西京长安，与宰相们商议，张九龄等人认为秋收尚未结束，希望玄宗推迟到十一月再回驾长安，玄宗心中不悦。李林甫当面未表态，私下对玄宗说："长安、洛阳，陛下东、西宫耳，往来行幸，何更择时！"（《资治通鉴》卷 214）玄宗一听正合自己的心意，非常高兴，即日启程回驾长安。

再比如，唐玄宗想要提拔朔方节度使牛仙客为宰相，张九龄公开表示反对，李林甫当面不表态，私下却对唐玄宗说："仙客，宰相才也，何有于尚书！九龄书生，不达大体。"第二天上朝再次商议此事，张九龄依然反对，唐玄宗大为不满，李林甫又私下进言玄宗："苟有才识，何必词学！天子用人，有何不可！"（《资治通鉴》卷 214）最终促使唐玄宗下决心赐爵牛仙客，食实封三百户。长此以往，导致唐玄宗对张九龄渐渐不满，转而重用李林甫。

对于唐玄宗而言，李林甫这个宰相最能顺遂自己的心意，也最便于自己表达皇权的意志，加强李林甫的权力，其实也就是加强自己的权力。从唐玄宗内心来说，希望李林甫这个国家最高行政首长成为皇权意志的代表，从而更便于在官僚行政机构中贯彻皇权意志。但他忽略了一个重要的环节，那就是在他这个皇帝的授权与庇佑之下，李林甫的权力越来越膨胀、越来越集中，他背靠大树好乘凉，背着唐玄宗做了许多的坏事，给国家朝廷造成了重大的损失。

但是客观上，唐玄宗的皇权始终不曾旁落，反而获得了加强。李林甫这个宰相能够做十六年，不是唐玄宗无可奈何忍耐了十六年，而是因为唐玄宗自身利益的需要。"安史之乱"爆发后，唐玄宗避乱成都，他曾对身边大臣裴士淹说，李林甫"妒贤嫉能，亦无敌也"（《大唐新语》卷 8），说明他对李林甫的毛病看得清清楚楚。可是当裴士淹问唐玄宗为什么明知李林甫嫉贤妒能，还让他长期担任宰相，玄宗"默然不应"（《大唐新语》卷 8）。为什么默然不应？当然有后悔的成分，但也是不便明说。唐玄宗使用李林甫的根本目的就是为了更方便的操持朝政大权，但物极必反，事实证明这正是他失策的地方。因为任用李林甫就意味着中断了唐太宗以来兼听纳谏、广开言路、集思广益的优良政治传统，就会导致不少政治决策的失误。诚然，在唐玄宗的操控下，李林甫也对政治、财经、军事、法律等诸项制度进行了改革，由于皇权与相权的充分集中，中枢机构的行政效率得到提高。但是唐玄宗放纵李林甫，导致朝政日益腐败的确是不争的事实。

现在我们来看看唐玄宗、李林甫与李白的关系。

首先，就具体的人际关系而言，没有任何资料表明李林甫在政治上直接影响、危害过李白。李林甫的政治手段，主要用来对付与他同等量级的政治对手，像李白这样一个小小的翰林院待诏，对李林甫还远远构不成政治威胁，所以他根本没有必要花费巨大气力来对付李白。

其次，就天宝初期的整体政治环境而言，虽然不能与开元时期相比，但社会经济依然呈现出兴旺繁盛的态势——货币流通活跃、手工生产发达、社会财富与消费水平较高。潜在的政治危机，也许会影响社会经济的发展，但是天宝初期并没有“天下大乱”，社会秩序依然正常，即便后来爆发“安史之乱”，但长安乃至全国并没有爆发大规模的百姓暴动，这就说明天宝时期的社会政治、经济局势是相对稳定的。

总之，天宝初期的大唐皇朝及其统治阶层虽然潜藏着动乱的因素，但是在李白逗留长安期间，这些因素尚未完全成熟，社会政治的整体环境并未糟糕到“万马齐喑”、士人毫无出头之日的黑暗境地。国家的社会经济、文化依然延续着开元以来繁荣鼎盛的局面。换言之，身处长安宫中的李白，如果真的拥有并希望施展政治才能，要获得唐玄宗的赏识不是没有可能。

对于唐玄宗而言，重用大臣的一个基本原则就是是否符合皇权的利益，如果符合自身利益，即便他人诽谤、阻拦，也很难改变他的决心。前文提到的牛仙客是一个很好的例子。更典型的例子还有安禄山，据《资治通鉴》记载，安禄山为将，违反军令当斩，张九龄在玄宗面前力陈当斩的理由，玄宗“惜其才，敕令免官，以白衣将领”，并告诫九龄不可“枉害忠良。”

唐玄宗为什么器重安禄山？因为安禄山的确能够为己所用：“胡人则勇决习战……陛下诚心恩洽其心，彼必能为朝廷尽死。”（《资治通鉴》卷216）然而宰相杨国忠、太子李亨都曾上言唐玄宗，陈说禄山必反无疑：“国忠屡言禄山有反状，上不听。”（《资治通鉴》卷216）“太子亦知禄山必反，言于上，上不听”（《资治通鉴》卷217）。后来凡有告密禄山谋反者，玄宗就将告密者缚送给安禄山。

唐玄宗为什么拒而不听杨国忠等人的意见呢？因为他需要安禄山这个边疆大将，他自信依靠自己多年的笼络，安禄山不至于谋反。所以对唐玄宗而言，如果是他真正器重的人才（安禄山当然属于养虎为患，但首先也是出色的边将，否则唐玄宗不可能长期信任他），他是会力排众议予以重用的。换句话说，如果李白的确如他自己所说那样，具有经天纬地的才华，是一位如姜太公一样不可多得安邦定国之士，那么，天宝初年，五十七岁的唐玄宗还是有足够的眼光重用他的。

从以上的分析我们可以看出，历史上的李白，没有也不可能让身份显赫的高力士为自己脱靴，更没有写诗讥讽杨玉环。口蜜腹剑的李林甫纵然一无是处，但也没有任何必要诋毁陷害李白，而天宝初年的唐玄宗虽然意志衰退、荒废朝政，但也远远不至于昏聩至极、皇权旁落，他依然牢牢掌握着朝廷的大政方针政策，掌控着社会政治发展的总体趋势，对于真正的经纬之才依然具有敏锐的眼光。总之，客观上，天宝初年李白虽然只是一个翰林诗文待诏，但是他依然具有不少出仕为官的机会。那么李白为什么在一年多之后就匆匆离开长安呢？这其中到底还有什么其他原因呢？

三、李白自身的问题

我们来看看李白自身存在的问题。

李白，作为一个诗人，一个文学家，其诗歌创作水平得到了空前的承认。但是他到长安来，不是让大家承认其文学家的成就，而是要获得政治家身份的认同，要得到政治家的重用，这对李白来说是最重要的。

以李白的雄心壮志与傲然不和谐的个性，无论如何也不会安于翰林待诏这个位置，安于侍从文人这样一个角色，这是他绝对不能接受的。他要成为名副其实的宰辅之臣，要对皇帝发生政治影响，要真正发挥政治作用，从而对唐帝国的政治产生影响。而这却是他这个翰林待诏或翰林供奉的职位永远无法实现的，这是李白深层的矛盾与痛苦。李白在进入长安之前有矛盾与痛苦，是想获得政治机遇，但不得其门而入，这就是所谓的怀才不遇；现在的李白也有矛盾与痛苦，是虽然貌似获得了空前的政治机遇，但尘埃落定之后才发现，他虽然已经与玄宗有了亲近的接触，但所获得的并不是重大的政治机遇，玄宗皇帝只是将他看作一个舞文弄墨的诗文供奉而已。

李白的悲剧命运也正在于此。

如果他就是个一般的文人，没有那么高的政治理想，即便在长安做不成政治家，但是至少可以在翰林院中做个诗文供奉，也足够光宗耀祖了！可偏偏李白不是一个向现实轻易妥协的人，他非但不向现实妥协，也不向自己妥协。对于李白来讲，他毕生的最高追求，就是要在政治上获得极大的成功，获得高度的认同，就是要做辅佐君王的宰辅之臣，如果这个目的达不到，即便是见到了皇帝，这依然是失败的人生。也许，对一个纯粹的文人来讲，能够拥有被皇帝亲自接见的殊荣，能够充当侍奉皇帝的御用文人，这已经算是人生的最高境界了，但这样的文人也就不值得我们追思千年了。

但李白是什么样的人物？什么样的心胸？什么样的自信？他不是一般的小文人，他不可能轻而易举就向现实妥协，他是不达目的誓不罢休的诗坛巨匠。在李白的内心世界，整个大唐就是为他施展宏图大志预备的，就像孟子所说的，“夫欲平治天下，舍我其谁？”（《孟子·公孙丑下》）这种纵横天下、当仁不让的王霸气度，是盛唐时代锻造出来的性格，是时代精神的象征与代表，并非一般庸常文人所能望其项背的。

这恰恰是李白的魅力所在。实事求是地讲，李白的确只有诗人之大才，没有政治家之大才，但是这根本不是问题的关键，关键在于李白就是不肯服输，不肯相信天下之大没有他施展抱负的空间，不肯放弃他的自信与原则，所以即便唐玄宗对他倍加礼遇，他也绝不领情，也绝不愿意苟安现状，做个舒舒服服的御用侍从文人。他要表达他的失望，表达他的不满，要尽情表现他狂放不羁的个性风采，哪怕为此付出巨大的代价也在所不惜。这不是政治家的涵养与性格，但这是大文学家、大诗人李白的精神风采！如果李白屈服于自己、妥协于现实，那他也就不是那个独步诗坛的李白，也就不是我们心目当中那个狂傲飘逸、洒脱不羁的诗仙了。

在政治上的失望情绪与日俱增的同时，另一种情绪就不可遏制地涌现出来。不要忘记，进入长安的，除了那个意气蓬勃、抱负远大、具有政治幻想的李白之外，还有一个目空一切、孤傲自赏、具有极高文学天才的李白。当政治幻想破灭之后，文学的意气就伴随着酒气不可遏制地宣泄出来。于是一个恶性循环开始形成：当李白郁郁不得志，就去借酒浇愁，酒力尤且不足以浇愁，就会付诸诗文大发牢骚。这些牢骚诗文无论被唐玄宗还是那些真正的奸佞小人看到，久而久之都会形成有损李白形象的舆论环境。这些舆论环境，又会进一步恶化李白在长安的生存与发展。

在长安，李白留下了不少的饮酒、醉酒记录。在翰林院中，他醉酒："时公已被酒于翰苑中，仍命高将军扶以登舟，优宠如是。"（范传正《唐左拾遗翰林学士李公新墓碑并序》）在权贵之门，他醉酒："白时为贵门邀约，比至半醉，令制《出师诏》，不草而成，许中书舍人。"（魏颢《李翰林集序》）在街市酒肆，他更是"日与饮徒醉于酒肆。玄宗度曲，欲造乐府新词，亟召白，白已卧于酒肆矣。召入，以水洒面，即令秉笔，顷之成十余章，帝颇嘉之"（《旧唐书·文苑列传》）。"有诏供奉翰林。白犹与饮徒醉于市"（《新唐书·文艺列传》）。

李白的言行做派，难免在朝廷上下引起一些流言蜚语。李白自己也承认翰林院中人际关系复杂，自己的人际环境不好，他在《玉壶吟》中抱怨："揄扬九重万乘主，谑浪赤墀青琐贤。……西施宜笑复宜颦，丑女效之徒累身。君王虽爱蛾眉好，无奈宫中妒杀人。"在《翰林读书言怀，呈集贤诸学士》中又说："青蝇易相点，《白雪》难同调。本是疏散人，屡贻褊促诮。"李白由于行为、言语有失检点，所以遭到奸佞之人的谗言，导致玄宗对自己不满："甚爱其才，或虑乘醉出入省中，不能不言温室树，恐掇后患，惜而逐之。"（范传正《唐左拾遗翰林学士李公新墓碑并序》）

据《汉书》记载，大臣孔光休假回家，与家人闲谈，家人问长乐宫温室殿有什么树木，孔光默然不语。后来就用"温室树"代表朝廷的机密要闻。翰林院虽然是侍奉皇帝的艺文娱乐机构，但它位居禁宫之内，如果以李白这样一副醉态，难免不会在醉后泄漏宫禁中的秘密。所以玄宗虽然很赏识他，也曾因为他"才藻绝人，器识兼茂"，"欲以上位处之"，但终究因为李白的种种表现"非廊庙器"，故而"优诏罢遣之"（孟棨《本事诗》），并"惜而逐之"。

问题的严重性在于，明明知道自己已经遭到了他人的诋毁诽谤，李白却依然我行我素，不改文人狂傲自许的本色："丑正同列，害能成谤，格言不入，帝用疏之。公乃浪迹纵酒，以自昏秽。咏歌之际，屡称东山。”（李阳冰《草堂集序》）“白自知不为亲近所容，益骜放不自修。与知章……为酒中八仙人”（《新唐书·文艺列传》）。杜甫曾有诗云：“李白斗酒诗百篇，长安市上酒家眠。天子呼来不上船，自称臣是酒中仙。”（杜甫《饮中八仙歌》）后世往往用这首诗来称赞李白傲岸不群、藐视权贵的气魄。但这样的言行举止，在具体的政治环境、政治实践中实非益事。

所以李白的个性决定了虽然他有跟皇帝接近的机会，但显然，李白没有及时地抓住这个机遇。或者说以李白的个性、实际的政治才能以及他在唐玄宗心目中的位置、在宫廷中的实际地位，都不可能实现他的政治理想，也不具备实现这个巨大理想的可能性。

唐玄宗其实对李白相当不错，他一看李白在长安宫中的确很难立足，于是在天宝三载（744），赐给李白不少金银盘费，送他回家。史书记载四个字：“赐金放还。”这是一个非常体面的下台方式，唐玄宗没有贬斥他，没有谴责他，没有把他赶出长安，而是保全了他作为一个文人的体面与尊严。这一举动使李白入京、在京、离京的整个过程呈现出浓厚的人情味儿、文学色彩、浪漫色彩，使这整个过程更加符合李白的气质。这是一个典型的李白式的离开，而不是一个不称职官员的离任。这与同期前后张九龄等政治家的被贬形成了鲜明的对照。甚至可以说，玄宗从不曾按照一个官员的标准来要求、看待李白，从对李白的欣赏、选拔、任用到离开，与其说是政治标准，倒不如说是文人、文学的标准。李白最终安静而体面地离开了长安，这种离开方式反而使他获得了更为巨大的文学声誉。但是李白的政治名声并未因此而获得加强，伴随着他离开长安，世人对他的认识更清楚了，李白的本质就是一个旷代的大文人、大诗人。

多年以来，不少读者都认为，李白不仅具有远大的政治理想、出色的文学才华，而且也是一个天才的政治家，只是时代没有给予他实现政治理想的机会。李白之所以被迫离开长安，其主要原因在于黑暗、消极的政治环境。现在，通过这几章的叙述、分析，我们大体澄清了这样一个事实，那就是：李白怀抱着宏伟的政治理想来到长安、觐见唐玄宗、渴望实现政治抱负，然而朝廷与唐玄宗却始终以文学的眼光来接纳李白，为他安排了适合文学角色的职位，于是，李白在长安宫廷也只能发挥其文学才华，这是一个巨大的历史误会与错位，这也是李白在长安政治失意的体制性原因。李白固然文才超绝、拥有超凡的政治理想，但是李白本人是否真的具有天才的政治才能，值得质疑。根据李白在长安的种种表现来看，他似乎并不具备一个成熟政治家的个人素质。李白离开长安，当然有整体社会政治环境的大背景——这显然是一个非常重要、不容忽视的原因，但是李白自身的主观因素也不可忽略。

离开长安后，李白继续他的漫游生活，但是他的理想没有变，他张扬的个性也没有变，他对政治的理解依然是那么天真。对李白而言，长安的政治失败并没有改变他对自己的期许，反而刺激他更进一步的执着于政治仕途。他并不曾意识到自己在政治命运面前的错位与误会，这导致“安史之乱”爆发以后，他贸然加入永王李璘的军队，造成重大的个人悲剧。

第五章

从军永王

李白在长安郁郁不得志，天宝三载（744）被唐玄宗赐金放还，之后开始了长达十余年的漫游生活。“安史之乱”爆发后，他迎来了又一次政治机遇——仙风道骨的李白竟然加入了永王李璘的军队。

这是一支什么样的军队？李白的命运会在这里发生哪些改变？一心想在政治上有所作为的李白，这次能够如愿以偿吗？

唐玄宗天宝三载（744），李白怀着失意的痛苦离开了长安，他的政治理想遭受到重大打击，但是他并没有就此放弃，这次挫折反而刺激他更进一步的执着于政治仕途。然而，不谙政治风云的李白非但没能找到施展才华的机会，反而给年届五旬的他找来了无穷无尽的麻烦与灾难！安史之乱期间，李白应邀参加永王李璘的军队，但没过多久，永王李璘的军队就被朝廷军队消灭，李璘被杀，李白也因谋逆之罪被投入监狱。

那么，李白为什么要加入永王的军队呢？要想弄清楚李白参军的前后经过，还得从天宝三载李白离开长安说起。

一、欢歌梁宋

唐玄宗天宝三载（744），李白怀着失意的痛苦离开了长安，他浪漫的政治理想遭到了致命的打击，此时的李白只好选择了漫游。在这次漫游中，李白结识了两位重要的朋友，也成就了中国文学史上的一段佳话。

四十四岁的李白离开西京长安，一路东行，来到汴州（今开封市东南，古称梁州）、宋州（今商丘市南）。此时的他心情非常复杂，也很痛苦，《行路难》其二非常典型地表露了他此时的心境：

大道如青天，我独不得出。

羞逐长安社中儿，赤鸡白狗赌梨栗。
弹剑作歌奏苦声，曳裾王门不称情。
淮阴市井笑韩信，汉朝公卿忌贾生。
君不见昔时燕家重郭隗，拥篲折节无嫌猜。
剧辛乐毅感恩分，输肝剖胆效英才。
昭王白骨萦烂草，谁人更扫黄金台？
行路难，归去来！

道路像青天一样宽广，却唯独没有我的出路、我羞于和长安的浪荡子弟同流合污，过着斗鸡走狗的无赖生活。我不愿弹剑诉说痛苦，谄媚权贵求得赏识。淮阴市井小人嘲笑韩信怯懦，汉朝公卿忌妒贾谊才能，自古贤才多遭人嫉恨！你看燕昭王多么器重郭隗、邹衍，剧辛、乐毅才因此效忠他。如今燕昭王的白骨与衰草一起腐烂，还有谁像他一样修筑黄金台倾心以待贤士呢？像我这样愿意报效朝廷的人自然没有人能够赏识。

唐肃宗乾元二年（759），李白又曾在《经乱离后天恩流夜郎忆旧游书怀赠江夏韦太守良宰》一诗中回顾了当初的心境：

剑非万人敌，文窃四海声。
儿戏不足道，《五噫》出西京。
临当欲去时，慷慨泪沾缨。

我的剑术虽然不能与万人抗衡，文章却得到播扬四海的名声。然而这些都不足称道，我唱着《五噫歌》离开长安。当我要离去的时候，心中无限悲慨，泪水沾湿了帽子的缨带。

此刻的李白，虽然依旧沉浸在失意的痛苦中，但无意间又为文学史抒写了一段佳话。在这里，李白遇到了盛唐诗坛又一个重要的诗人—— 三十三岁的杜甫，他正为料理家事而奔走梁、宋之间。杜甫比李白小十一岁，在文坛崭露头角，而李白此时不仅诗、文名声卓著，而且具有一定的政治资本。所以二人的名声、地位尚不可同日而语。杜甫由衷地推崇甚至崇拜李白，两人一见如故，同饮共醉，携手游赏，度过了一段难忘的时光，结下了深厚的友谊。杜甫曾在《与李十二白同寻范十隐居》中记录了他们深厚的友谊：

李侯有佳句，往往似阴铿。
余亦东蒙客，怜君如弟兄。
醉眠秋共被，携手日同行。
更想幽期处，还寻北郭生。
入门高兴发，侍立小童清。
落景闻寒杵，屯云对古城。
向来吟《橘颂》，谁欲讨莼羹。
不愿论簪笏，悠悠沧海情。

这首诗写得情浓意切：我们彼此亲如兄弟，喝醉酒后盖一条被子睡觉，白天里一起携手同游，一同去幽静之处寻访隐士范十。在晚照的残影中听见棒槌捣衣的声响，荒废的古城上空满是厚厚的云层。长久以来我都喜欢吟诵屈原的《橘颂》，不曾想过讨要吴中的菰菜莼羹。自己一直想要立志为国效力，可今天来拜访了隐士，就不愿再讨论什么功名富贵，这优哉游哉的隐居生活也很安适啊！

从这首诗中可以感受到，李白与杜甫的情谊非常深厚。令人高兴的是，盛唐的另一位大诗人高适也正在梁、宋之地漫游，三个人此刻都是政治失意者：李白刚刚被排挤出长安，杜甫刚刚经历了科场失败，高适也不过一介布衣。正所谓“同是天涯沦落人，相逢何必曾相识”，于是三人相约漫游梁、宋，度过了一段美好的时光。李白在《梁园吟》中写道：

> 我浮黄河去京阙，挂席欲进波连山。
> 天长水阔厌远涉，访古始及平台间。
> 平台为客忧思多，对酒遂作《梁园歌》。
> 却忆蓬池阮公咏，因吟绿水扬洪波。
> 洪波浩荡迷旧国，路远西归安可得？
> 人生达命岂暇愁，且饮美酒登高楼。
> 平头奴子摇大扇，五月不热疑清秋。
> 玉盘杨梅为君设，吴盐如花皎白雪。
> 持盐把酒但饮之，莫学夷齐事高洁。
> 昔人豪贵信陵君，今人耕种信陵坟。
> 荒城虚照碧山月，古木尽入苍梧云。
> 梁王宫阙今安在？枚马先归不相待。
> 舞影歌声散绿池，空余汴水东流海。
> 沉吟此事泪满衣，黄金买醉未能归。
> 连呼五白行六博，分曹赌酒酣驰晖。
> 歌且谣，意方远。
> 东山高卧时起来，欲济苍生未应晚。

诗人乘舟离开长安，沿波涛汹涌的黄河东下，对酒作歌，排解忧愁。浩荡的水流迷失了旧国的痕迹，自己的退路又在何方呢？不如及时行乐、登楼赏景吧。梁园的五月如秋天一样清凉，玉盘中的杨梅已经备好，吴地的食盐如雪花一样洁白。就让我们开怀畅饮，好好享受人生，不要学伯夷、叔齐那样孤高自赏。信陵君、梁孝王、枚乘、司马相如等历史人物早已烟消云散，只有汴水年年东流。现实的重重阻碍使自己的理想不得施展，而快乐生活似乎也不能久长，想到这里，我的眼泪沾满了衣裳。还是抓紧时间及时享乐吧……诗的最后，李白却终于隐忍不住大发感慨：不如做东晋宰相谢安，虽然隐居东山，但只要天下苍生瞩望，立刻出山也并不算晚吧。

从这首诗我们可以看出，李白复杂的思想状态：既看透世事艰辛、决意及时行乐，又不甘心碌碌无为了却此生。诗人时而表示人生苦短，要及时行乐；时而又想做东晋宰相谢安，结束隐居生活，为天下苍生谋。其实李白的内心并未真正忘怀自己的政治理想，即便在颓废至极、欢饮达旦的时刻，心中仍然不能忘怀世事，仍然还有济世救民的热望。他有着非凡的自信，以为凭借着自己的才能，迟早会做出惊天动地的大事业，需要的只是时间而已。而这也正是李白性格的可贵之处，虽然他离开长安，遭遇了巨大的政治挫折，但他内心的理想却没有泯灭，并没有因此而随波逐流。

二、受箓东鲁

与高适、杜甫告别之后，李白奔赴齐州临淄郡（今山东济南），请紫极宫道士高如贵为他授道箓，又请安陵（今河北景县附近）道士盖寰为他书写真箓，李白从此成为一名正式的道士。所谓道箓，就是道士的凭证，拥有道箓就意味着成为有“文凭”的正式道士。李白离开长安之后，虽然东游梁、宋，与杜甫、高适漫游欢歌，但其直接的目的还是要去齐州接受高如贵的道箓，要去获得道士“文凭”，这也是他离开长安后第一个确定的目标。他在《奉饯高尊师如贵道士传道箓毕归北海》一诗中写道：

道隐不可见，灵书藏洞天。
吾师四万劫，历世递相传。
别杖留青竹，行歌蹑紫烟。

离心无远近，长在玉京悬。

李白离开长安，经历了政治上的一次失败，就想在疏狂的生活中、在道教当中寻找一线安慰。这一时期的李白，思想上有及时行乐的一面，也有求仙访道的一面，有裘马轻狂的一面，有企图归隐的一面，还有不肯服输、希望在政治上东山再起的一面。他是要通过裘马轻狂的漫游生活来麻痹自己，也要为自己寻求一个政治以外新的精神支点，接受道箓就是这个新支点之一。这一时期，他的思想当中，道教、儒家、任侠、纵横家的成分多少都有一些，呈现出混杂多元的思想状态。换言之，李白的身份由庙堂而江湖，这种转变使他的精神活动更趋于多元、丰富。长安政治失意对李白而言当然是一种巨大的遗憾，但对于他的思想、诗歌创作而言反而是一次难得的锻造、成熟的机遇。

既然在齐州已经成为正式的道士，那当然少不了做一次真正的游仙之旅。李白准备南下吴、越，遍游浙东名山，于是有了著名的《梦游天姥吟留别》一诗。在这首诗当中，她梦想着漫游吴、越的仙境：

海客谈瀛洲，烟涛微茫信难求。越人语天姥，云霞明灭或可睹。天姥连天向天横，势拔五岳掩赤城。天台四万八千丈，对此欲倒东南倾。我欲因之梦吴越，一夜飞度镜湖月。湖月照我影，送我至剡溪。谢公宿处今尚在，渌水荡漾清猿啼。脚着谢公屐，身登青云梯。半壁见海日，空中闻天鸡。千岩万转路不定，迷花倚石忽已暝。熊咆龙吟殷岩泉，栗深林兮惊层巅。云青青兮欲雨，水淡淡兮生烟。列缺霹雳，丘峦崩摧。洞天石扉，訇然中开。青冥浩荡不见底，日月照耀金银台。霓为衣兮风为马，云之君兮纷纷而来下。虎鼓瑟兮鸾回车，仙之人兮列

> 如麻。忽魂悸以魄动，怳惊起而长嗟。惟觉时之枕席，失向来之烟霞。世间行乐亦如此，古来万事东流水。别君去兮何时还，且放白鹿青崖间，须行即骑访名山。安能摧眉折腰事权贵，使我不得开心颜。

这是一首留别东鲁朋友的别诗，是一首遨游东南的纪梦诗，也是一首典型的游仙诗。它如此真实地反映了李白当时的思想情感。诗中有名山、有白鹿、有仙人，诗人希望通过仙境来实现自己的人生价值。他描绘了天姥山的奇景，赞美了仙界的光明，展现出一个五彩缤纷的神仙世界。诗人抒写大梦方醒之时人生如梦的感慨，抒写漫游天地的自由境界。整首诗感慨深沉激烈，内容丰富曲折，形象辉煌流丽，形式自由奔放，表现了李白诗歌雄奇、奔放、壮丽的艺术特色，别有一种英豪之气流贯其间，展现了盛唐的时代精神。李白的思想是矛盾的，他想为国效命却不得其门而入，他想摆脱功名仕途却无法真正忘怀，尽管他拼命地要在梦游天姥的这一场大梦里面沉醉自己，然而睡梦也总有惊醒的时刻，梦醒时分的诗人止不住大喝一声："安能摧眉折腰事权贵，使我不得开心颜！"长安的政治悲剧，是如此之深的伤害了浪漫诗人的心灵世界！我们读李白的诗，感觉痛快淋漓，洗尽愁怨，但对李白自己来说，写这些诗的时候又是多么的痛苦！

三、漫游南北

李白当然不会只在梦里游江南，天宝六载（747）前后，他一路南下，畅游扬州、金陵、丹阳、吴郡、会稽，所到之处留下了不少脍炙人口的诗篇。如《登金陵凤凰台》：

凤凰台上凤凰游，凤去台空江自流。
吴宫花草埋幽径，晋代衣冠成古丘。
三山半落青天外，二水中分白鹭洲。
总为浮云能蔽日，长安不见使人愁。

全诗怀古伤今，字里行间流露出对长安的无比眷恋。诗人感慨凤去台空、江水自流，感慨东吴、东晋风流人物终成古丘，感慨金陵古都优美壮丽的景色，透露出壮志难酬的苦闷情怀。整首诗起落自如，收放有致，工丽之中别有一种英爽之气。

在《登金陵冶城西北谢安墩》一诗中，李白抒发了对时局安危的忧虑：

晋室昔横溃，永嘉遂南奔。
沙尘何茫茫，龙虎斗朝昏。
胡马风汉草，天骄毳中原。
哲匠感颓运，云鹏忽飞翻。
……
想象东山姿，缅怀右军言。

可见李白在漫游的行程中，一刻也没有忘记对朝廷的关怀。他是苦闷的，却依然关心着国家，他不管怎样解脱自己，就是不能忘怀国计民生，就是不能忘却自己的政治追求，始终怀着一颗忧国忧民之心。而当这种忧国忧民之心，不能通过自己的作为得以疏解时，他怀才不遇的苦闷就更为浓烈，这些都化作对社会昏暗政治的揭露，对奸人当道的极度愤慨：

鱼目亦笑我，请与明月同。

骅骝拳跼不能食，蹇驴得志鸣春风。

……

曾参岂是杀人者，谗言三及慈母惊。

……

一生傲岸苦不谐，恩疏媒劳志多乖。
严陵高揖汉天子，何必长剑拄颐事玉阶。
达亦不足贵，穷亦不足悲。（《答王十二寒夜独酌有怀》）

斗鸡者获得皇帝的宠信，杀人者成为君王的将军，真正的志士、才子却不为世所用。最可恨的是，得志小人嘲笑才高志雄的诗人，骏逸的良马被压抑不能前行，跛脚的驴子却春风得意。这种颠倒黑白的现实令诗人悲愤难当，诗人不得不从先贤的身上寻找精神支柱——即便如孔子这样的圣人也曾遭受理想的挫折，自己的挫折又算得了什么呢？诗人自比严陵、韩信，进一步申明傲岸不屈的高洁人格和豁达的气度。“达亦不足贵，穷亦不足悲”，这正是李白参透世事之后磊落胸怀的展现。

天宝九载（750），李白从金陵奔赴浔阳（今江西九江），又从浔阳北上经过唐州方城县（今河南方城县）去造访隐居石门山（今河南南阳一带）的老朋友元丹丘，希望通过求仙访道获得心灵暂时的休憩。这一时期留下了不少的求仙诗：

丹丘遥相呼，顾我忽而哂。
遂造穷谷间，始知静者闲。（《寻高凤石门山中元丹丘》）

松风清瑶瑟，溪月湛芳樽。
安居偶佳赏，丹心期此论。（《闻丹丘子于城北山营石门幽居中有高凤遗迹仆离群远怀亦有栖遁之志因叙旧以寄之》）

然而，游仙访道终究无法使李白摆脱内心深层的痛苦。终于，李白做出了一个大胆的决定，他要北游幽、燕，入幕边军，建功立业，实现政治抱负。他为什么要这么做呢？算起来，从天宝三载到天宝十一载，李白的游历踪迹所至遍及今河南、山东、安徽、江苏、浙江等地，一方面想借助游赏山水、栖身宗教来解脱内心的痛苦，另一方面也是想再次寻找可能的政治机遇。但是根据当时的朝政局势，他想再次进入长安、直接觐见玄宗的可能性很小，所以边塞从军也许不失为一条入仕捷径。这其实也是盛唐许多文人谋求仕途、实现政治理想的一个重要途径。李白于是在天宝十一载前后，行经邯郸、清漳、临洺等地，寻求入幕的机会。

然而，幽州的情形令他大吃一惊，身兼平卢、范阳、河东三地节度使的安禄山此时正在秣马厉兵，图谋造反，其狼子野心路人皆知，幽州早已成为虎狼啸聚的险境。李白不得不离开幽州，南返魏州。他后来在《经乱离后天恩流夜郎忆旧游书怀赠江夏韦太守良宰》一诗中追忆当时的情形：

十月到幽州，戈铤若罗星。
君王弃北海，扫地借长鲸。
呼吸走百川，燕然可摧倾。
心知不得语，却欲栖蓬瀛。
弯弧惧天狼，挟矢不敢张。
揽涕黄金台，呼天哭昭王。
无人贵骏骨，騄耳空腾骧。
乐毅倘再生，于今亦奔亡。

我眼看安禄山将要谋反，却苦于没有进谏圣上的机会，只好趁着大乱未至早早隐居起来。我的内心多么悲愤，却敢怒不敢言！遥想燕昭王重用贤臣良将，现在我这样的千里马却无人顾念，空自腾跃，即便是乐毅再生，也会奔亡而去啊。

天宝十二载（753），李白离开魏州，南返宋州（今河南商丘）、曹南（今河南定陶），一路南下安徽宣城，游历敬亭山、宛溪。此间曾与他的族叔、校书郎李云登宣城谢朓楼作歌，写下了著名的《宣州谢朓楼饯别校书叔云》：

弃我去者昨日之日不可留，乱我心者今日之日多烦忧。
长风万里送秋雁，对此可以酣高楼。
蓬莱文章建安骨，中间小谢又清发。
俱怀逸兴壮思飞，欲上青天览明月。
抽刀断水水更流，举杯销愁愁更愁。
人生在世不称意，明朝散发弄扁舟。

诗歌的开首让我们想起李白的另两句诗："君不见黄河之水天上来，奔流到海不复还。君不见高堂明镜悲白发，朝如青丝暮成雪。"都在感慨时光如流水，人生如朝露。但是对年过半百的李白来说，"弃我去者"的绝对不仅仅是时光，烦扰诗人的也绝不仅仅是人生的短暂。对李白而言，这两句诗既有对时光流逝的感慨，更有着对往日蹉跎与辉煌人生的无限追念。

今日的李白为何烦忧多多？通过前面的叙述我们知道，从天宝三年（744）离开长安后的十余年间，李白漫游黄河上下、大江南北，一直在寻求新的政治机遇。然而却一直没有恰当的机会。当他北游邯郸、幽州，想要在边关建功立业时，却察觉到安禄山的谋反动向。所以此时李白的烦忧，并不仅仅是个人得失的烦忧，更是对国家将遭涂炭、百姓将遭祸患的烦忧，是明知国家危在旦夕却无所作为的烦忧，是对普天之下豪杰之士报国无门的巨大烦忧。这个昨日不可留和今日多烦忧代表了盛唐由盛而衰之际，知识分子普遍的呐喊与呼唤，具有深刻的时代意义。

现实既然有如此之多的烦恼与忧愁，还不如在这天高气爽的秋天，乘着万里长风，望着远飞的大雁，在高楼上畅畅快快地喝个痛快吧！诗人想要借助酒的力量，使自己从那激愤难耐的心绪中摆脱出来。酒会使李白沉醉麻痹，暂且忘却烦恼与忧愁；酒也会使他重新燃烧起生活的热情，对未来充满信心。此处所谓酣高楼，就是要借助酒兴，开始将全诗的情绪由无限的消沉、烦忧转向无比的高昂、自信。

李白一生，最自信的就是文章事业。他自诩写诗“兴酣落笔摇五岳，诗成啸傲凌沧海”，写文章“日试万言，倚马可待”。“蓬莱”两句诗其实就是这种自信的充分表现。有人认为，“蓬莱”是以道家藏书之蓬莱山比喻汉代国家图书馆东观，“蓬莱文章”就是指汉代散文。有人则认为“蓬莱”比喻李云所担任的秘书省校书郎职务，“蓬莱文章”是借指李云所写的诗文。“建安骨”指汉魏时期“建安文学”的刚健风骨。“小谢”指南朝著名诗人谢朓，他曾在宣州担任太守，修筑起这座谢朓楼。这两句诗的表层意思是说诗人与李云一同吟唱着汉魏以来的优秀诗文，品味谢朓的优美诗篇；深层意思则是以汉魏诗文和谢朓诗歌自比。

诗写到此时，诗人的兴致与自信达到了最高潮：“俱怀逸兴壮思飞，欲上青天揽明月。”他不愧是一位“诗仙”，竟要和朋友一起飞上那九重青天，将皎洁的明月揽入怀中。这里的月并不是实际的景观，而是作者心中的明月，是诗人的天真烂漫之语，是典型的李白式的诗歌语言。

然而，“诗仙”的情思虽然可以飞到明月的身边，但毕竟不是仙，酒醒之后毕竟还要生活在现实当中，毕竟还要面对昨日的种种失落、今日的种种烦忧。但浪漫的诗人并不甘于在污浊的现实中沉沦、颓废，他要用三尺宝刀砍断如滚滚长江水的满怀愁绪，要再次借助美酒永远消除内心的忧愁。这两句诗之所以能流传千古、传诵人口，就在于它典型地刻画出诗人那种绝不屈服于环境的压制，竭力要摆脱人生痛苦的雄放气概。后世有多少备受压抑的能人志士，都曾借助这样的诗篇宣泄内心的不平。从诗歌的结构上来说，也完成了由豪壮的高潮向消沉低潮的过渡。

李白扬言从此将不再混迹于令人伤心的是是非非之地，从此将驾一叶扁舟，披散长发，像春秋越国的大功臣范蠡那样，侍君功成之后便隐居身退了。但是我们知道，李白并没有侍君之功成，他恰恰是侍君之功不成却要散发，要弄扁舟，这是为什么？其实，唐代知识分子隐逸生活的目的，就是是为了博取更高的清誉、更广泛的声誉，以便引起当朝者的注意，走所谓的“终南捷径”。而唐代统治阶层之所以广诏隐士，无非想说明，连不问时世的隐士都应诏出山，岂不说明自己的朝政真是天下归心吗？

所以，李白功业未成却要散发弄扁舟的含义主要有二：首先，这是一种不满现存秩序的牢骚之语。既然当朝者天下无道，我也不愿意仰人鼻息、受人桎梏，不如去自由世界里无拘无束的潇洒一生。其次，这也是一种暗示。如果当朝者果真要使天下归心，就应该将隐于山林的贤能之士召回朝廷，为国家效力。所以这个结尾的实质并不消沉，在狂傲狂放的姿态下面隐藏的依然是积极的入世精神。而这正是盛唐时代文化的精神，也是盛唐知识分子典型的性格特征，李白是他们当中最杰出的代表人物，他的诗是对这种时代性格最典型的反映。事实证实了我们的判断分析，这首诗写完后不到两年，“安史之乱”爆发，诗人参加了朝廷平叛的军队，从此走上了艰难的精忠报国之路。

纵观全诗，大开大合，大起大落，纵横捭阖，气象万千，在波澜壮阔的诗篇中展现出一个伟大浪漫主义诗人的精神风采与艺术个性，展现出盛唐知识分子在唐皇朝由盛转衰之际所特有的心路历程，不愧是流传千古的伟大绝唱。

四、避难庐山

天宝十四载（755）十一月丙寅，“安史之乱”爆发。“安史之乱”的发起者安禄山，出身于营州柳城，即现在辽宁朝阳。他因平定契丹得到了唐玄宗的赏识，先后出任平卢、范阳、河东三镇节度使。安禄山的同伙史思明本是胡人出身，后因到长安奏事，博得了唐玄宗的欢心，被赐名思明，官至平卢兵马使。安禄山野心极大，他多次来到长安觐见唐玄宗，通过种种手段赢得唐玄宗的信任，并在长安、宫廷中安插耳目，对日益腐败的朝政真相了如指掌，逐渐生发起兵灭唐的谋反之心。经过长达十年秘密的准备，安禄山认为已具备了灭唐的力量。天宝十四载冬，安禄山声称奉密旨讨伐奸臣杨国忠，起兵范阳，率平卢、范阳、河东三镇军队十五万人，南下直取洛阳、长安。唐玄宗没有想到安禄山会叛乱，军事上毫无准备，当叛乱的战鼓震动大明宫的时候，他才匆忙布置防御。一时间大唐皇朝狼烟四起，战火弥漫，百姓逃亡，生灵涂炭。

此时，怀有安邦治国之志的李白希望自己能向皇帝献上灭胡之计，拯救危亡的局面，于是携妻子宗氏奔赴长安。同时派门人武谔奔赴东鲁照顾自己的子女。在北行的途中，他写下《奔亡道中五首》，记录了人们在战争中流离失所、背井离乡的哀痛及自身的处境：

其一

苏武天山上，田横海岛边。

万重关塞断，何日是归年。

其二

亭伯去安在，李陵降未归。
愁容变海色，短服改胡衣。

其三

谈笑三军却，交游七贵疏。
仍留一只箭，未射鲁连书。

其四

函谷如玉关，几时可生还。
洛阳为易水，嵩岳是燕山。
俗变羌胡语，人多沙塞颜。
申包惟恸哭，七日鬓毛斑。

其五

淼淼望湖水，青青芦叶齐。
归心落何处，日没大江西。
歇马傍春草，欲行远道迷。
谁忍子规鸟，连声向我啼。

这五首诗是我们研究“安史之乱”爆发前后李白行踪最重要的材料之一。通过研究他的行踪，我们对李白参加永王李璘军队的缘由就会有一个更加全面的了解。在这些诗中，李白先后引用涉及苏武、田横、崔骃、李陵、鲁仲连等很多历史人物的典故，诉说自己所看到的一幕幕战争场景，表达了自己遭逢国家变乱之时的思想情感。

当时，唐朝的守城将士战死的战死、投降的投降，李白像当年被困匈奴的苏武、被困海岛的田横，也被困在沦陷区内。他与妻子不得不换上胡人的衣装，趁着茫茫的月色，冒着生命危险奔赴长安，显然，他奔走的方向与众多逃亡人的方向恰恰相反。自己所面临的情势虽然万分危急，但李白依然希望自己能够尽快到达长安，觐见玄宗，献上自己的灭敌大计。战国时燕将据守齐国聊城，齐国攻克不下，齐人鲁仲连射一箭书信入聊城，燕将见信之后自杀，聊城不攻自破。李白将自己比作鲁仲连，认为自己尚有救国良策，希望能够为朝廷所用，但是还没等李白达到长安，战争形势已经发生了急剧的转变。从《奔亡道中五首》（其四）来看，李白的立足点在函谷关内（西），诗的意思是，函谷关以东的地区都被安史乱军占领，所以洛阳之水、嵩山如同边疆的易水、燕山。自己本想效法申包胥痛哭秦庭，劝说皇帝抗击叛军。可是现在函谷关以东尽为敌军所得，形势万分危急，李白不得不从华山经商洛大道，转道江南，又经溧阳、杭州、金陵，隐居庐山屏风叠，静观形势的变化。

在逃亡过程中，李白还写下《经乱后将避地剡中留赠崔宣城》《猛虎行》《扶风豪士歌》等诗歌，记录了战争给国家人民带来的巨大灾难：

> 中原走豺虎，烈火焚宗庙。
> 太白昼经天，颓阳掩余照。
> 王城皆荡覆，世路成奔峭。
> 四海望长安，颦眉寡西笑。
> 苍生疑落叶，白骨空相吊。
> 连兵似雪山，破敌谁能料。（《经乱后将避地剡中留赠崔宣城》）

战端起始之时，安史叛军铁蹄横扫中原，国土沦丧，将士捐躯。这首诗表现了百姓在大难来临之时混乱甚至于绝望的心理，诗中呈现

丁酉夏
康震

渡遠荆門外
來從楚國遊
山隨平野盡
江入大荒流

丁酉秋 康震

的不再是浪漫主义的浓墨重彩，而是严峻的现实主义的惨淡颜色；融入画面的也不仅是诗人怀才不遇的郁闷，而是广大下层民众盼望早日平定叛乱、返回家园的共同思想感情。李白此时的笔触已经完全脱离了个人的感伤忧愤，而伸向广阔的现实世界，集中反映国家和百姓的苦难。这样的诗作，就其现实意义而言，可比肩于杜甫的“三吏”“三别”。

李白一方面描绘战争带给国家、百姓的深重灾难，另一方面也表现出对国家前途的担忧、对人生的迷茫。他从过去“天生我材必有用”的满怀激情，逐渐转向怀才不遇的悲叹、深沉哀婉的思考：

朝作猛虎行，暮作猛虎吟。
肠断非关陇头水，泪下不为雍门琴。
旌旗缤纷两河道，战鼓惊山欲颠倒。
秦人半作燕地囚，胡马翻衔洛阳草。
一输一失关下兵，朝降夕叛幽蓟城。
巨鳌未斩海水动，鱼龙奔走安得宁。
颇似楚汉时，翻覆无定止。
朝过博浪沙，暮入淮阴市。
张良未遇韩信贫，刘项存亡在两臣。
暂到下邳受兵略，来投漂母作主人。
贤哲栖栖古如此，今时亦弃青云士。
有策不敢犯龙鳞，窜身南国避胡尘。
宝书玉剑挂高阁，金鞍骏马散故人。
昨日方为宣城客，掣铃交通二千石。
有时六博快壮心，绕床三匝呼一掷。
楚人每道张旭奇，心藏风云世莫知。
三吴邦伯皆顾盼，四海雄侠两追随。

萧曹曾作沛中吏，攀龙附凤当有时。
溧阳酒楼三月春，杨花茫茫愁杀人。
胡雏绿眼吹玉笛，吴歌《白纻》飞梁尘。
丈夫相见且为乐，槌牛挝鼓会众宾。
我从此去钓东海，得鱼笑寄情相亲。（《猛虎行》）

唐肃宗至德元载（756）春，李白因避“安史之乱”，离开宣城奔赴剡中，途遇书法家张旭于溧阳，因作此诗。这首诗先写乱军攻陷洛阳、国家多难、生灵涂炭的惨景；接着借张良、韩信故事，抒发自己身遭乱世，却不能为君主所用，只能南窜避难的感慨；末两句说他要学《庄子》中的任公子用粗绳装上大钩，以五十头牛作为诱饵在东海钓大鱼，意指要做一番大事业。诗中的主人公为国家的残破、为百姓的苦难、为自己报国无门而慷慨悲歌，毫不掩饰地将一颗久经压抑的赤子之心呈现给我们。

诗中不仅有感性的抒情，也有对战局理性的分析。诗人指责唐玄宗临阵弃将怒杀高仙芝，一味听从杨国忠的错误意见，迫使哥舒翰贸然出关作战，导致潼关失守，战争形势急转直下趋于恶化。李白当然渴望立刻投笔从戎、报效祖国，可是长安被逐的经历使他怀疑，玄宗、朝廷究竟会不会听信、采纳他的平乱之策，只好暂且收藏起这颗火热的报国之心。显然，当国家处在危亡的关头，自己却报国无门的时候，诗人是极其痛苦的。李白虽然依旧在庐山隐居，但他的心，他的目光一直都在密切关注时局的发展变化，随时都在等待时机、出山为国效命。

五、从军永王

不久，战局又有了新的变化。潼关失守，长安危在旦夕。唐玄宗在龙武大将军陈玄礼的护卫下，带领贵妃姊妹、皇子、皇妃、皇孙以及宰辅大臣并宦官、宫人千余人秘密逃离长安。第二天百官上朝，才发现皇帝早已不见踪影。城中王公士民四出逃窜，乡野刁民趁机闯入宫禁盗取金宝、焚烧府库，长安城陷入一片混乱之中。唐玄宗一行行至兴平县马嵬驿，随从禁军不满杨国忠奸党误国，发动事变，砍杀杨国忠，并要求诛杀杨玉环。唐玄宗不得不下令缢死杨贵妃。而太子李亨也在马嵬驿与玄宗分手，留在中原地区负责整军备战、收复失地。不久，在随从将士的拥立下，李亨在灵武宣布即皇帝位，尊玄宗为太上皇（事见《资治通鉴》卷218）。

在去成都的路上，唐玄宗听从宰相房琯的建议，下诏实行诸王分镇。诏书任命太子李亨为天下兵马元帅，任命永王李璘、盛王李琦、丰王李珙分别担任南北诸道节度使，可以自行辟置官署、筹措粮草，实际上是将整个唐皇朝的军政大权分解下放到各个王子的手中。诏书下达后，除了太子李亨，真正掌握军政大权的只有永王李璘（具体详情见第六章“被捕入狱”）。根据这个诸王分镇诏书，太子李亨执掌关中、河南、河北、幽、燕等北方地区的军政大权，其主要目标就是要收复长安、洛阳；而李璘则执掌包括今两湖、云贵、两广、江西等地在内的华中、中南、西南、华南地区的军政大权。诏令诸王分镇是唐玄宗采取的一个权宜之计，一方面是为了确保自身安全，另一方面也是为了重新部署力量进行反击。由于“安史之乱”主要涉及黄河流域、中原地区，因此李亨的责任非常重大，这一地区战局的成败直接关系到唐朝未来的命运。而南方的战事并不特别危急。永王李璘的职责主要有二：一则要成为北方战事的战略总预备队、后勤保障总部；二则一旦北方战事彻底失利，不得不隔江而治，就要为筹措建立南唐或东唐朝廷作准备。

接到诏书后，永王李璘就在江陵（今湖北江陵附近）和江夏（今湖北武昌附近）地区集结兵力，招募勇士，筹集数以万计的军费和粮草，沿江东下直趋广陵（今江苏扬州），途中路过九江（今江西九江），于是派亲信韦子春上庐山邀请李白加入幕府。

此时的李白正沉浸在报国无门的痛苦中，他在《赠王判官时余归隐居庐山屏风叠》一诗中说：

昔别黄鹤楼，蹉跎淮海秋。
俱飘零落叶，各散洞庭流。
中年不相见，蹭蹬游吴越。
何处我思君，天台绿萝月。
会稽风月好，却绕剡溪回。
云山海上出，人物镜中来。
一度浙江北，十年醉楚台。
荆门倒屈宋，梁苑倾邹枚。
苦笑我夸诞，知音安在哉。
大盗割鸿沟，如风扫秋叶。
吾非济代人，且隐屏风叠。
中夜天中望，忆君思见君。
明朝拂衣去，永与海鸥群。

诗人把自己与朋友二人比作飘零的落叶，各自散落在洞庭湖的水流之上，人到中年却还没有相见，于是在天台山上的绿萝之旁、月色之下想念朋友，不禁回忆起了自己与友人分别后在楚地漫游的经过，虽然二人各自飘零，但是并不曾忘却与朋友间的友谊，时时会想念他的这位朋友。

诗人苦笑自己太过于夸张怪诞，在现实中找不到知音。如今叛将安禄山要和朝廷分割天下，来势汹汹，就像秋风扫落叶一样。而自己却救国无门，姑且隐居在屏风叠中。半夜里望着天空，想起了朋友。打算明天就拂衣而去，不再理会现实中的种种烦忧，永远与海鸥为伴。

李白在回忆过去、忧虑现实和展望未来中组织诗篇，回忆中的生活是美好的，现实的生活是不如意的，于是又把希望寄托在明天，以寻仙访道作为自己的出路。此时的李白，既不像杜甫在战乱中跟贫民一起颠沛流离，也不像王维陷入安禄山的军队被迫为官，更不像颜真卿兄弟拿起武器直接对抗叛军。他此时的心情非常复杂，一方面很渴望参与救国救民，一方面却又对现实政治非常失望，无奈之下只能选择归隐。

正是在这个节骨眼上，五十六岁的李白等来了永王李璘派来的使者韦子春。

在《赠韦秘书子春》一诗中，李白表露了自己此时的想法："苟无济代心，独善亦何益。惟君家世者，偃息逢休明。"如果没有救济时代的用心，即使自己独善其身又有什么好处？恰逢休明时代，正可以乘机建功立业。"终与安社稷，功成去五湖"，我想像留侯张良那样，安定社稷后，功成而悄然身退。诗人既不甘于独善其身，试图兼济天下，可是现实的政治环境又不能使自己满意。于是他想出了这么个折中的办法，即"终与安社稷，功成去五湖"，这就是李白的政治哲学、人生哲学。

在《与贾少公书》中，李白说："主命崇重，大总元戎。辟书三至，人轻礼重。严期迫切，难以固辞。扶力一行，前观进退。"永王李璘是一方诸侯，却接连三次专门派人上山邀请我加入幕府。我的身份卑微，但永王给予我的礼遇却非常隆重。面对如此的盛情邀约，实在难以回绝，不得已只好勉力前去，以观进退。谢安在东山隐居，天下苍生都渴望他出山治国。我并不想故作姿态，假意拒绝永王的邀请，借机抬高身价，邀取天下虚名。只不过抱定报国的决心，绝无其他的谬想。

临行之际，李白给家里人留下《别内赴征三首》，表露出豪迈自信又依依不舍的心情：

其一

王命三征去未还，明朝离别出吴关。
白玉高楼看不见，相思须上望夫山。

其二

出门妻子强牵衣，问我西行几日归。
归时倘佩黄金印，莫学苏秦不下机。

其三

翡翠为楼金作梯，谁人独宿倚门啼。
夜坐寒灯连晓月，行行泪尽楚关西。

显然，诗人的情绪是高昂的、自信的，因为他认定这一次的选择，是正确无误的，是一定能够成功的。

回顾李白自天宝三载以来漫游的历程，他离开长安以后，漫游的主要区域集中在今河南、河北、山东、江苏、浙江、安徽等地。显然，这些区域要么是接近朝廷政治、经济中心的地区，要么是文化繁荣、人文荟萃的地区。这说明李白的漫游，还是具有相当明确的政治目的，而不是毫无目的的游逛。他无时无刻不希望能够东山再起，获得进仕朝廷的机会。

李白在长安的政治活动的确失败了，但“安史之乱”的爆发似乎又给他提供了一个参与政治的机会。虽然由于种种原因，他没有机会再赴长安，但是永王李璘的邀请让他再一次看到了政治生命的前途，这次机会距离他上次离开长安整整十二年，他等待的时间还不算长，年龄也还不算大，他还能拿动刀枪，这正是他欣然参加永王李璘军队的动机所在。

于是，李白的思想又一次活跃起来，他自比诸葛亮、谢安，从军东行。入幕后，永王军中救国杀敌的气氛感染着他，他表现出雄健的激昂情绪，似乎从此就要展开辉煌的政治人生了。李白充满激情地抒写《永王东巡歌十一首》，这十一首诗最能表达他入幕之后的心情和对时局的看法，表现了李白平定内乱、建功立业的豪迈进取精神，显示出前所未有的乐观情绪：

其一

永王正月东出师，天子遥分龙虎旗。
楼船一举风波静，江汉翻为雁鹜池。

其二

三川北虏乱如麻，四海南奔似永嘉。
但用东山谢安石，为君谈笑静胡沙。

李白对当时的形势相当乐观，他认为只要永王一出征，长江流域的政治、军事局面就会趋于稳定，诗人自比可使皇朝东山再起的谢安，表现了他乐观的情绪和必胜的信念，“谈笑”之间表现出成竹在胸的气魄。李白对永王李璘军队的命运以及当时政治局面的把握虽然不切实际，以策士自任的做法也过于盲目自负，但诗中勇赴国难的精神却是值得肯定的，这也反映了诗人此时最真实的心态。

其三

雷鼓嘈嘈喧武昌，云旗猎猎过寻阳。
秋毫不犯三吴悦，春日遥看五色光。

其四

龙蟠虎踞帝王州，帝子金陵访古丘。
春风试暖昭阳殿，明月还过鳷鹊楼。

其三、其四继续描写永王东征的形势。李白坚信收复两京轻而易举。此时永王的军队已达到今江苏境内，诗人的心里真是一派明媚的春色。

其五

二帝巡游俱未回，五陵松柏使人哀。
诸侯不救河南地，更喜贤王远道来。

“二帝”指玄宗与肃宗，此时太子李亨已在灵武即皇帝位。长安、洛阳尚未收复，所以说“二帝巡游”未归。在诗人看来，既然玄宗任命永王驻守山南、江南诸道节度使，进入永王幕府，也就是在效忠玄宗、肃宗。李白将收复河南、河北失地的希望寄托于永王军队，作为这支军队中的幕僚，内心自然非常骄傲自豪。

其六

丹阳北固是吴关，画出楼台云水间。
千岩烽火连沧海，两岸旌旗绕碧山。

其七

王出三山按五湖，楼船跨海次陪都。
战舰森森罗虎士，征帆一一引龙驹。

这两首诗告诉我们，永王的军队到达镇江，也许是想利用运河输送粮草，也许将要跨海北征，直取幽、燕。

其八

长风挂席势难回，海动山倾古月摧。

君看帝子浮江日，何似龙骧出峡来。

其九

祖龙浮海不成桥，汉武寻阳空射蛟。

我王楼舰轻秦汉，却似文皇欲渡辽。

诗人将永王比作西晋将军王濬，还将他比作唐太宗，说李璘的功业将要超越秦皇、汉武。对于远在灵武即位的李亨来说，这其中似乎有一种大不敬的意味。其实这反映了时人对战局的一种看法：如果北方失地难以收复，甚至不得不南渡长江，那么南唐与东唐的建立就会成为现实。既然李亨能够在灵武宣布继承皇帝大统，为什么李璘就没有这样的可能性呢？李白的这个比喻其实并无不敬之意，只不过是在极力地恭维、称颂李璘，也许是文学浪漫色彩过于浓厚，在正统士大夫看来的确是有点儿大不敬的味道。但是话说回来了，值此戡乱之际，谁又能断定李璘没有可能成就帝王之业呢？李白的这两句诗，恰恰从一个侧面反映出当时政治、军事形势在人们内心的一段投影。

其十

帝宠贤王入楚关，扫清江汉始应还。

初从云梦开朱邸，更取金陵作小山。

其十一

试借君王玉马鞭，指挥戎虏坐琼筵。

南风一扫胡尘静，西入长安到日边。

这两首诗表现了诗人收复长安的决心。“试借君王玉手鞭”一语，含蓄而又豪迈地表现出自己毛遂自荐、当仁不让的行为方式。“试借”说明诗人并非贪图权贵，而只是在国家危难之时“奋其智能，愿为辅弼”。他自信只要拥有了军权，就可以在谈笑之间指挥战斗并夺取胜利。这首描写战争的诗，未见刀光剑影，未见战争拼杀，未见狼烟四起，只是一根“玉鞭”、一席“琼筵”，就将残酷的战争在一派浪漫诗语中“灰飞烟灭”了，将李白的诗人气质表现得淋漓尽致。

总之，这十一首诗不但记录了永王军队行进的基本路线，也最能表达李白入幕之后的心情和对时局的看法，表现了李白平定内乱、建功立业的豪迈进取精神，在潇洒的气度中表现出诗人乐观的情绪和必胜的信念。当然，这一时期李白还写了很多关于在军队中喝酒、看歌舞等题材的作品，如《在水军宴赠幕府诸侍御》《在水军宴韦司马楼船观妓》等。

看起来，一切都在朝着好的方向发展，对于李白来说，能够进入永王的军队、担负伟大的使命，意味着就要实现自己伟大的政治理想了。然而，我们的诗人确实太浪漫了，“指挥戎虏坐琼筵”，“南风一扫胡尘静”，以及功成身退的理想，都只不过是诗人一厢情愿的幻想。李白在永王的军队里刚刚待了两个月，他的命运又发生了一次重大的转折。永王的军队正遭遇着灭顶之灾，李白却浑然不知，他还没有来得及施展政治才华就被捕入狱了，永王李璘的幕府生活给李白的政治生涯画上了一个悲剧的句号。

第六章

被捕入狱

李白参加了永王李璘的军队，并且随着军队朝广陵进发。行军过程中，李白始终充满了乐观的情绪。然而政治形势远比李白想象的要复杂得多。李白在永王幕府中刚刚待了两个月，命运就发生了重大转折。刚刚抓住机会的李白，还没有来得及施展才能，就被捕入狱了。这中间到底发生了什么？身陷囹圄的李白会有什么样的表现呢？最终他能逃出牢狱吗？

前一章说到永王李璘邀请李白加入幕府，李白将其看作实现平生政治抱负的第二次宝贵机遇。然而政治形势远比李白想象的要复杂得多。永王李璘不仅没能帮助李白实现“愿为辅弼”的宏图大愿，反而造成李白一生最大的政治悲剧。事情还要从玄宗那道“分置制诏”说起。

一、唐玄宗与分置制诏

自从安禄山起兵反唐以来，官军连连失利，百姓生灵涂炭，国家陷入了深重的灾难：

> 常清乘驿赴东京召募，旬日得兵六万，皆佣保市井之流。……十二月，禄山渡河，陷陈留，入罂子谷，凶威转炽，先锋至葵园。常清使骁骑与柘羯逆战，杀贼数十百人。贼大军继至，常清退入上东门，又战不利，贼鼓噪于四城门入，杀掠人吏。常清又战于都亭驿，不胜。退守宣仁门，又败。乃从提象门入，倒树以碍之。(《旧唐书·封常清传》)

究其原因，一方面，国家承平日久，兵民久不习战，难敌安禄山的虎狼之师；另一方面，唐玄宗过于轻信安禄山，根本没有任何针对其反叛行径的预防措施，所以两军相遇，唐军一触即溃，安禄山的叛军摧枯拉朽，在一个月内相继攻破河北、河东、河南的诸多领地。唐玄宗误听杨国忠建议，强令潼关守军出战，结果大败，不得不出逃长安，前往成都避难。

前一章我们提到，唐玄宗在前往成都的途中，听从宰相房琯的建议，于天宝十五载（756）七月十五日颁布了一份诏命诸王分镇的诏书，即“分置制诏”：

> 以太子亨充天下兵马元帅，领朔方、河东、河北、平卢节度都使，南取长安、洛阳。以御史中丞裴冕兼左庶子，陇西郡司马刘秩试守右庶子；永王璘充山南东道、岭南、黔中、江南西道节度都使，以少府监窦绍为之傅，长沙太守李岘为都副大使；盛王琦充广陵大都督，领江南东路及淮南、河南等路节度都使，以前江陵都督府长史刘汇为之傅，广陵郡长史李成式为都副大使；丰王珙充武威都督，仍领河西、陇右、安西、北庭等路节度都使，以陇西太守济阴邓景山为之傅，充都副大使。（《资治通鉴》卷218）

显然，盛王李琦、丰王李珙并未出阁，依旧随侍玄宗继续居留成都。盛王所辖的江南东路、淮南、河南等地虽不归永王管辖，但盛王既然不出阁，他的副手刘汇本是房琯的私党，权位均在都副大使李成式之上，所以盛王所辖领地很可能也在永王的控制之中。这样一来，永王的势力范围就涉及今华中、华南、中南、东南等地区，成为整个长江流域一支不可小觑的军事力量。加之南方地区总的来说没有遭受“安史之乱”的重大破坏，所以永王的军事、经济实力不能不让身处灵武的皇兄李亨深感忧虑。事实上，从李亨宣布即皇帝位、“分置制诏”发出之后，李亨与永王李璘之间就不可避免地展开了一场残酷的权力斗争，李白的命运就是在这样一场重量级的政治军事斗争中一步步走向深渊的。

二、手足相残

首先我们需要理清唐玄宗颁行“分置制诏”与李亨即皇帝位的关系。

唐玄宗天宝十五载（756）七月十二日，太子李亨在灵武宣布即皇帝位，改元至德，尊唐玄宗为“上皇天帝”。七月十五日，唐玄宗下达“分置制诏”。八月十二日，远在成都的唐玄宗获悉李亨即位的消息。八月十八日，唐玄宗派心腹大臣韦见素、房琯、崔涣三人将传国玉玺交付李亨，正式传皇位给李亨。

事实上，唐玄宗与太子李亨之间一直存在较深的矛盾。唐玄宗对李亨一直心存疑虑，而李亨为人懦弱、谨慎，在复杂多变的宫廷斗争中战战兢兢、如履薄冰，李林甫等人多次诽谤、陷害太子，多亏高力士等人从旁援救，得以保全太子的地位。唐玄宗西逃成都，李亨没有追随而去，而是留在中原地区执掌军政大权，并抓住时机继承皇位，不能不说是一个深思远虑的举动。

如今，李隆基、李亨父子的矛盾以李亨继承皇位而暂时告一段落，可是另外一个尖锐的矛盾又冒出来了。

“分置制诏”下达后不久，李璘就奉命从成都抵达襄阳、江夏，开始招兵买马、筹措军备：“招募士将数万人，恣情补署，江淮租赋山积于江陵，破费巨亿。”（《新唐书·十一宗诸子列传》）可是现在情况发生了变化，昔日的太子已经登基成为新皇帝，那么，唐玄宗的这道“分制置诏”还有效吗？

对于新皇帝李亨来说，这道诏书只有坏处没有好处，因为它实际上将本应集中的皇权特别是军权分散给诸王节制，这对于李亨的皇权是一个很大的威胁。由于盛王、丰王并未离开成都去就任本镇节度使，所以并不对新皇帝构成威胁。如此一来，除安史乱军之外，对李亨的皇权构成最大威胁的就是永王李璘了。当时北海太守贺兰进明就在李亨面前把这个问题直接挑明了：

> 琯昨于南朝为圣皇制置天下，乃以永王为江南节度，颍王为剑南节度，盛王为淮南节度，制云“命元子北略朔方，命诸王分守重镇”。且太子出为抚军，入曰监国，琯乃以枝庶悉领大藩，皇储反居边鄙，此虽于圣皇似忠，于陛下非忠也。琯立此意，以为圣皇诸子，但一人得天下，即不失恩宠。又各树其私党……之徒，以副戎权。推此而言，琯岂肯尽诚于陛下乎？臣欲正衡弹劾，不敢不先闻奏。’（《旧唐书·房琯传》）

当时唐玄宗一党居于成都，肃宗一党居于灵武，所以贺兰进明公然将唐玄宗集团称为南朝，那肃宗集团岂不就是北朝？可见在大臣的眼中，玄宗、李亨父子之间已经成为两个对立的政治阵营，兄弟之间就更不用说了。当时的唐朝，一方面要跟安史乱军作战，另一方面李亨与他的父亲、弟弟之间也展开了激烈、残酷的内战，两者交错在一起的形势非常复杂。而对于此时的李白来说，他刚刚走出庐山，对时局的复杂性一无所知，因而才不假思索地投入永王李璘的军队之中。

其实，说起来李璘跟李亨的关系非常亲密，他是唐玄宗的第十六个儿子，小时候母亲去世，便由李亨养大。李亨很喜欢他，经常抱着他睡觉。但是感情再好，一旦在政治利益上发生冲突，最终还是会反目成仇。

唐肃宗李亨首先不能容忍唐玄宗的“分置制诏”对自己权力的瓦解，其次也不能容忍李璘的军事力量游离在他的权力范围之外，他以皇帝的身份命令李璘交出兵权，回四川成都陪侍父皇唐玄宗，李璘不从:"诏璘还觐上皇于蜀，璘不从。"(《新唐书·十一宗诸子列传》)显然，李璘并不打算理会新即位的皇兄，在名义上他依然坚持执行太上皇唐玄宗的诏命，但在暗地里，他确实有自己的打算:"见富且强，遂有窥江左意，以薛镠、李台卿、韦子春、刘巨鳞、蔡驷为谋主。……其子襄城王偒，刚鸷乏谋，亦乐乱，劝璘取金陵。即引舟师东下，甲士五千趋广陵，以浑惟明、季广琛、高仙琦为将，然未敢显言取江左也。"(《新唐书·十一宗诸子列传》)

从史书上来看，李璘是在儿子李偒以及手下谋士的怂恿鼓动下，生发攻取金陵之意，也许还想以此为据点进一步扩大自己的势力范围。李璘以浑惟明、季广琛、高仙琦为大将，举五千精锐甲士，直趋广陵，虽然并未明言攻取江左，但明眼人一望即知：一场兄弟之间的战争就要爆发了！而此时的李白还在李璘的军队中创作《永王东巡歌》，热情地称颂永王的功德，满心以为永王兵趋江左是要北上抗击安史叛军，自己就要跟随永王建立不朽的功业了！李白人在军中，却对军内军外所发生的一切都一无所知，真可谓"不识庐山真面目，只缘身在此山中"。这也许就是书生意气造成的悲剧吧。

李璘在行动，李亨也在行动。这时一个重要的人物出现了，他就是曾经跟李白、杜甫一起漫游梁、宋的著名诗人高适。"安史之乱"爆发时高适五十七岁，他曾协助哥舒翰驻守潼关。潼关失守后，唐玄宗出逃四川，高适又曾进献平定叛乱大计。唐玄宗下诏以诸王分镇，高适曾上疏反对这一政策。李亨称帝后，"闻其论谏有素，召而谋之。"(《旧唐书·高适传》)永王李璘起兵，高适"因陈江东利害，永王必败"(《旧唐书·高适传》)，于是被李亨任命为御使大夫、扬州大都督府长史、淮南节度使，统领广陵十二郡军政事务。李亨还令江东节度使来稹率军在湖北安陆与高适汇合，准备联合讨伐李璘。李亨又派宦官啖延瑶与广陵采访使李成式联络，会同高适、来稹对李璘构成腹背夹击的战略包围。

时任吴郡采访使李希言属于肃宗李亨集团，他向李璘发出通牒照会，质问李璘沿江东下的用意。这个做法极不寻常，李璘本是皇子，李希言不过是地方官员，却在通牒中直呼李璘名讳，直接质问李璘，怎能不让李璘勃然大怒："寡人上皇天属，皇帝友于，地尊侯王，礼绝僚品，简书来往，应有常仪，今乃平牒抗威，落笔署字，汉仪隳紊，一至于斯！"（《旧唐书·玄宗诸子列传》）意思是说，本王乃是上皇的儿子、皇帝的兄弟，朝臣与本王交往应当遵守朝廷的礼仪，如今你竟敢以通牒照会的形式直接质问本王，直呼本王名讳，身为人臣应有的礼仪都跑到哪儿去了？李璘一怒之下，派大将浑惟明攻取李希言，派大将季广琛攻取广陵李成式。

李亨、李璘兄弟的矛盾彻底公开化、表面化。战争爆发之后，李璘的军队不堪一击，溃不成军。究其原因主要有二：

首先，军队内部将领不团结，思想不统一。李璘属下大将季广琛首先感觉形势不利于李璘，于是召集众将说，我们跟从永王，难道是想要造反吗？太上皇远在成都，道路阻塞，无法统领大军，皇子中没有人的才能超过永王。如果永王统率江淮的精锐部队，直取长安、洛阳，复兴大唐的功劳便可成就。如今大军的战略行动目标却并非如此，如果我们背上叛逆的骂名，将来的前途会怎样呢？众将都认同季广琛的看法，一起歃血为盟。于是大将浑惟明逃往江宁，冯季康逃往白沙，季广琛率兵六千逃奔广陵。李璘派骑兵追击，季广琛告诉追兵，永王对我有德，我不忍心与之决战，不过是逃命回归朝廷而已。如果再逼我，就下决心决一死战。于是追兵停止追击。

其次，永王的个人意志薄弱，临战惊惶失措、动摇军心。大战即发之时，河北招讨判官李铣在广陵拥兵千余，李成式在广陵大张旗帜，举行大阅兵。李璘与儿子李偒登上城楼观望，面有惧色。

李璘的军队可以说是不战自溃，李璘最后只能带领五骑从丹阳仓皇直奔鄱阳，打算南走岭南。在大庾岭中箭，被江西采访使皇甫侁的追兵抓获后杀死。其子李偒也被乱军所杀，李璘的军队就这样分崩瓦解了。其实，以李璘当时的军事、经济实力，完全可以北上率兵攻取长安、洛阳，待到大功告成，坐下来再与皇兄李亨讨价还价、论功行赏不迟，然而他利欲熏心、急于求成，直接走向与皇帝李亨对抗的道路，不管他最初的意图如何，这都只能是死路一条。

李璘死后，皇甫侁将其妻子儿女送到成都，唐玄宗非常伤心。李亨则怪罪皇甫侁擅自杀死李璘，未将其送至成都面见唐玄宗，宣布永不叙用皇甫侁。这当然是统治者内部血腥屠杀之后的温情掩护，为了表明自己对父皇玄宗、兄弟李璘的孝悌之情。李璘的败亡，意味着唐朝内部分裂局面暂时告一段落。那么，身处李璘军中的李白，他的命运又将如何呢？

三、锒铛入狱

永王李璘大军败亡，分崩离析，形势变化太快。李白该怎么办呢？李白参加永王军队的时间只有两个月左右，当李白高唱《永王东巡歌》的时候，他根本没有意识到自己已经沦为当朝皇帝李亨的谋逆之敌了。现在李白怎么办？他别无选择，只有选择逃亡。然而他又能逃到哪儿去呢？此时的李白内心非常痛苦，他只有在诗中诅咒、讥讽李璘与李亨的钩心斗角：

汉谣一斗粟，不与淮南舂。
兄弟尚路人，吾心安所从。
他人方寸间，山海几千重。
轻言托朋友，对面九疑峰。
多花必早落，桃李不如松。
管鲍久已死，何人继其踪。（《箜篌谣》）

当年汉文帝和他的弟弟淮南王之间有矛盾，汉文帝把淮南王发配充军到四川，淮南王的性格刚烈，绝食而死。民间就有歌谣说“一尺布尚可缝，一斗粟尚可舂，兄弟二人不相容。”后人以“尺布斗粟”讥讽兄弟不和。显然，李白在此借用了汉文帝与淮南王不相合的典故，来讥讽李氏二兄弟的相互残杀。

此时的李白真是哑巴吃黄连、有苦说不出。他在错误的时间参加了错误的军队，最后获得一个错误的结果，但是他又不能为自己辩解，证明这个错误是别人强加给他的。在《上留田行》一诗中，他表达了自己的苦闷心情和对李氏兄弟的讽刺：

参商胡乃寻天兵。
孤竹延陵，让国扬名。
高风缅邈，颓波激清。
尺布之谣，塞耳不能听。

上古时代帝王高辛氏的两个儿子不合，总是打架，高辛氏就让大儿子主管商星、二儿子主管参星，这两个星座互相对立，在夜晚不能同时出现在天空，此后这哥儿俩就不可能再打架了。李白引用这个典故的用意很明显，他似乎已经看到古往今来皇室兄弟之间，不可避免地会发生争权夺利的斗争。李白的错误在于未能敏感地认识到参加永王军队是原则上的失误。事实上，就在永王被杀、自己逃亡的过程中，李白依然还给宰相张镐写信，希望能够再次获得灭敌救国的机会。他在《赠张相镐》一诗中说：

拥旄秉金钺，伐鼓乘朱轮。
虎将如雷霆，总戎向东巡。
诸侯拜马首，猛士骑鲸鳞。

泽被鱼鸟悦，令行草木春。
……
一生欲报主，百代期荣亲。
其事竟不就，哀哉难重陈。
卧病宿松山，苍茫空四邻。
风云激壮志，枯槁惊常伦。
闻君自天来，目张气益振。
亚夫得剧孟，敌国空无人。

李白仍然没有将永王的军队看成“叛军”，反而对永王东巡给予了歌颂式的描述，再次赞美了永王军队的善战勇猛。诗人显然还没有充分认识到永王事件的严重性，他感叹理想不能实现，并希望能得到张镐的重用。但这个时候统治者是不可能理会、理解李白这一片单纯热忱爱国热情的。

永王李璘败亡之后，他的属下谋士、将领纷纷四散逃亡，李白因身在永王幕府，以“附逆”之罪受到追捕，他逃到彭泽时被抓获，并被投入浔阳监狱。不管李白是否在李璘的军队得到重用，不管他的政治理想有没有实现，入狱对他来说，无疑又是一次致命的打击。他想洗雪自己，但为时已晚。参加“叛军”永王的军队，这已是事实。他当然还够不上叛军“谋主”的头衔，但他的名气太大。也许，李璘当初让李白加入自己的幕府，不过就是想借助他的名气以壮声色。杜甫《不见》一诗中描述了李白当时的处境：

不见李生久，佯狂真可哀。
世人皆欲杀，吾意独怜才。
敏捷诗千首，飘零酒一杯。
匡山读书处，头白好归来。

从“世人皆欲杀”一句看来，当时主张杀掉李白的大有人在，幸运的是李白最终保住了性命。

对于李白的幸免于死，当时有很多的传说。中唐人裴敬在《翰林学士李公墓碑文》中记载，李白幸免于死，主要得益于天下兵马副元帅兼左仆射郭子仪说情。理由是：郭子仪年轻时在并州（今山西太原）行伍中服役，犯法当罚，多亏李白救助免于责罚。如今当李白遭牢狱之祸，身居高位的郭子仪便出面相救免李白不死，也就是说，郭子仪是李白的救命恩人。这个故事很有传奇色彩，流传很广，一些史书也采用这样的说法，其实并不可信。

据学者考证，郭子仪在唐玄宗开元八年（720）前从未在并州任官。唐玄宗开元二十三年（735）秋，李白首次游并州。而三十九岁的郭子仪正在担任左威卫中郎将或安西副都护，不在并州。即便在并州犯法，以他的官爵，也绝非三十四岁的布衣文人李白所能解救。

其实，有关李白的传奇实在太多了，有人说李白是在捞月时溺水而亡的，也有人说他骑着一头鲸飞升天外了。人们把这些美好的传说加到李白身上，无非是为了神化李白的人格，表达对李白的善良期望——不希望李白身上发生悲惨的事情，人们让那些只可想象、不能实现的事情都发生在他的身上，因为发生在他身上最合理、最符合他的性格逻辑。

李白虽然没有死，捡回一条命，但他在浔阳狱中百感交集、悲愤难平。尽管他的性命暂时获得了保全，但将来的道路该怎么走，未来到底会发生什么事情，却是他无法预料的。他在狱中的诗篇充满了愁苦之情：“万愤结习，忧从中催。金瑟玉壶，尽为愁媒。举酒太息，泣血盈杯。”（《上崔相百忧章（时在浔阳狱）》）拿起杯子喝不下去酒，滴到杯子里的全是一滴一滴的血！

他写诗投赠亲友，表达了无辜被囚的不满：

恋高堂而掩泣，泪血地而成泥。
狱户春而不草，独幽怨而沉迷。
兄九江兮弟三峡，悲羽化之难齐。
穆陵关北愁爱子，豫章天南隔老妻。
一门骨肉散百草，遇难不复相提携。
……
德自此衰，吾将安栖。
好我者恤我，不好我者何忍临危而相挤。（《万愤词投魏郎中》）

自己因留恋朝廷而哭泣，眼泪如血一样地落到土中。春天来了，可是狱中没有绿草，独自幽怨而心绪迷乱。被囚九江后，兄弟们分隔遥远，是多么可悲！可爱的孩子还滞留在东鲁，恩爱的妻子还在江南，一家人分散异地，难以互相扶助。一场动荡让多少人妻离子散，李白的哀叹具有普遍的意义，反映了“安史之乱”给正常家庭带来的破坏，引发人们对于战争的反思。现在，诗人身陷狱中，哪里是自己的安栖之所呢？理解他的人固然体恤他的苦衷，但仇恨他的人又何其忍心在他危难时候落井下石呢？强烈的孤独感笼罩在诗人的心头。

四、四处求救

值此危难之际，李白特别希望得到昔日朋友的帮助。

他想起了昔日一同畅游梁、宋的高适。想当年，李白、杜甫、高适三人“醉眠秋共被，携手日同行”。然而，“安史之乱”却使这三人的命运走上了完全不同的道路，三个人的政治立场也发生了变化。

杜甫在安史乱起后，救国热情高涨，坚信国家危难之时一定需要他这样忠君爱国的人才。杜甫置家室于鄜州羌村，只身赴灵武投奔新即位的肃宗。不幸的是，至德元载（756）八月，杜甫在途中被叛军俘获，陷贼长安一年之久。后从长安逃脱，奔赴凤翔行在，被肃宗任命为左拾遗，又因上书疏救房琯，为肃宗疏远。两京收复之后，在京为官。后又被贬华州司功参军。关辅大饥，弃官携妻子逃往秦州，后辗转奔赴成都，定居浣花溪草堂。

此时的高适则身兼三个重要的职务：御使大夫、扬州大都督府长使、淮南节度使，手握重兵，举足轻重。历史就是如此的具有戏剧性——当年的好朋友高适现在却成为讨伐永王的军事统帅，当年的好朋友李白也成了他讨伐的对象。

天真的李白依然寄希望于高适的帮助。他有《送张秀才谒高中丞》一诗，诗前小序云："余时系浔阳狱中，正读《留侯传》。秀才张孟熊，蕴灭胡之策，将之广陵，谒高中丞。余喜子房之风，感激于斯人，因作是诗以送之。"自己在浔阳狱中读《留侯张良传》，秀才张孟熊有剿灭胡人的计策，他将去广陵拜见高中丞。李白欣赏他有张良的风范，因此写此诗赠给他，并以此诗拜谒高中丞，其实就是希望得到高适的援救。

然而现有资料表明，高适并没有理会李白的求助。我们无法猜测李白被捕入狱是否来自高适的指令，但是高适对他这个往日的好友显然采取了一种旁观的态度。其实高适的态度也可以理解，在那样一个战乱年代，作为政治家的高适首先认识到，维护皇权与平定叛乱同样重要，皇帝不仅需要长于谋略的实干之才，更需要实干之才绝对服从、效忠皇权。李白因"附逆"罪而入狱，以高适当时的政治身份、地位，自然不可能去冒险疏救李白出狱。

自从这封书信后，我们就再也看不到李白与高适联系的信息了。高适后在蜀中任蜀州刺史、彭州刺史，一度升任成都尹、剑南西川节度使。杜甫在成都时期，曾获得高适在生活上的资助。高适与李白交情的断绝，其实与他们本人毫无关系。高适与李白昔日的友情没有错误，为了维护肃宗的皇权，高适平定永王也没有错误，李白求助高适更没有错误，而高适不理睬李白，虽不能说完全无错，但也在情理之中。一个平定叛乱的主帅如何能够去营救叛乱分子呢？政治利益、政治立场是一只无形的手，一只左右诗人命运无形的手。文学史的浪漫友情在政治斗争风浪的冲击中粉身碎骨，这就是文化、文人在古代政治斗争中的命运。

好在，当时还是有不少人向李白伸出援救之手。李白自己也曾先后给宰相张镐、江南宣慰使崔涣、御史中丞宋若思等人投诗请求救援。如《狱中上崔相涣》："应念覆盆下，雪泣拜天光。"《系浔阳狱上崔相涣》三首："能回造化笔，或冀一人生。""毛遂不堕井，曾参宁杀人。虚言误公子，投杼惑慈亲。白璧双明月，方知一玉真"等等。再如《赋得鹤送史司马赴崔相公幕》："峥嵘丞相府，清切凤凰池。羡尔瑶台鹤，高栖琼树枝。归飞晴日好，吟弄惠风吹。正有乘轩乐，初当学舞时。珍禽在罗网，微命若游丝。愿托周周羽，相衔汉水湄。"将朋友比作高栖的仙鹤，将自己比作落网的珍禽，虽然品性相似，可是处境却完全不一样。诗人才华横溢，怀才不遇，因此也是痛苦的。

李白还写诗给妻子宗氏："闻难知恸哭，行啼入府中。多君同蔡琰，流泪请曹公。知登吴章岭，昔与死无分。崎岖行石道，外折入青云。相见若悲叹，哀声那可闻。"（《在浔阳非所寄内》）如同当年的蔡文姬，宗氏为了援救李白，独自一人行走在崇山峻岭之间，真好似行走在死亡的边缘，四处奔走，寻求援助的力量。在宋若思、崔涣等官员的努力下，李白获得了释放。特别是御史中丞宋若思，作为李白案件的直接负责人，在他的积极斡旋下，李白不仅获释，还加入幕府。宋若思还积极向唐肃宗推荐李白。李白的精神颇受鼓舞，在《中丞宋公以吴兵三千赴河南军次浔阳脱余之囚参谋幕府因赠之》中写道：

> 独坐清天下，专征出海隅。
> 九江皆渡虎，三郡尽还珠。
> 组练明秋浦，楼船入郢都。
> 风高初选将，月满欲平胡。
> 杀气横千里，军声动九区。
> 白猿惭剑术，黄石借兵符。
> 戎虏行当翦，鲸鲵立可诛。
> 自怜非剧孟，何以佐良图。

宋公的大军从东南出兵前往河南征战，威震九江三郡。将士们身披铠甲在江边操练，熠熠生辉，高楼战船进入昔日楚国国都江陵。千军万马杀声震天，撼动九州。待到大风高扬的时候选将练兵，待到月满时分就要平定胡人的叛乱。在如此雄健的军队面前，叛乱的胡人自当被彻底铲除。

再如《为宋中丞祭九江文》：

> 今万乘蒙尘，五陵惨黩，苍生悉为白骨，赤血流于紫宫。宇宙倒悬，欃枪未灭，含识结愤，思翦元凶。若思参列雄藩，各当重寄，遵奉王命，大举天兵。照海色于旌旗，肃军威于原野。而洪涛渤潏，狂飙振惊。惟神使阳侯卷波，羲和奉命，楼船先济，士马无虞。扫妖孽于幽、燕，斩鲸鲵于河、洛。

仅仅一百余字，长江的宏伟气势、壮丽景象便跃然纸上，将士的神威风采也如在眼前。

《为宋中丞请都金陵表》是李白代笔宋若思上表唐肃宗，提议迁都金陵的奏疏。可见，当时朝野上下确乎有一种论调，即：一旦黄河流域中原地区尽陷敌手，大唐必须确保半壁江山，退居金陵为都，建立东唐或者南唐。其实当初李白写《永王东巡歌》的时候，也许就有一种思想倾向——以为李璘占据金陵就是为将来的不时之虞做准备吧？这也许正是李白愿意加入李璘军队的原因？也许，正因为如此，他才敢于毫无避讳的将永王比作唐太宗？这些当然只是我们的一种推测，但李白代宋若思所作的这篇表奏之文，却表明定都金陵、占据江南是当时包括李白在内朝野士大夫较为流行的舆论。可时局瞬息万变，随着唐肃宗至德二载（757）九十月间，天下兵马元帅广平王李俶率领朔方、安西、回纥等军队东进收复长安，郭子仪引吐蕃兵、汉兵追击叛军至潼关，紧接着收复东京洛阳，建都金陵的建议自然也就失去了意义。

但在宋若思的器重之下，李白又重新恢复了政治自信，他感觉自己也许又获得一次政治新生。更让李白高兴的是，宋若思居然请李白代笔上表肃宗举荐李白，这便是《为宋中丞自荐表》的来由。表中的李白依然是那么自信，那么豪迈，那么朝气蓬勃、意气风发，哪里还有一点点意气消沉的影子？

> 臣伏见前翰林供奉李白，年五十有七。天宝初，五府交辟，不求闻达，亦由子真谷口，名动京师。上皇闻而悦之，召入禁掖。既润色于鸿业，或间草于王言，雍容揄扬，特见褒赏。为贱臣诈诡，遂放归山，闲居制作，言盈数万。属逆胡暴乱，避地庐山，遇永王东巡胁行，中道奔走，却至彭泽，具已陈首。前后经宣慰大使崔涣及臣推覆清雪，寻经奏闻。

文章前面这一大段话是在简短回顾自己的历史。其中有两点值得注意：一、李白特别说明自己凭借才华获得玄宗器重，进入宫廷后也深得玄宗赏识；二、自己之所以进入永王军队，是因为永王胁迫所致。这当然是给自己打掩护，毕竟这对于李白而言，并不是多么光彩的一件事。

下一段内容他借宋若思的口吻称赞自己：

> 臣闻古之诸侯，进贤受上赏，蔽贤受显戮。若三适称美，必九锡光荣，垂之典谟，永以为训。臣所管李白，实审无辜，怀经济之才，抗巢、由之节。文可以变风俗，学可以究天人，一命不沾，四海称屈。伏惟陛下大明广运，至道无偏，收其希世之英，以为清朝之宝。昔四皓遭高皇而不起，翼惠帝而方来，君臣离合，亦各有数。岂使此人名扬宇宙，而枯槁当年？《传》曰："举逸人而天下归心。"伏惟陛下回太阳之高晖，流覆盆之下照，特请拜一京官，献可替否，以光朝列，则四海豪俊，引领知归。

这就是李白之为李白！

他品德高尚、才华天成："怀经济之才，抗巢、由之节。"他学究天人、文章卓绝："文可以变风俗，学可以究天人。"他的命运就是天下士人的命运，他怀才不遇就会令天下士人扼腕长叹："一命不沾，四海称屈。"他就是"希世之英"，"清朝之宝"。李白宣称，自己如今"名扬宇宙"却"枯槁当年"，如果朝廷给自己"拜一京官"，"则四海豪俊，引领知归"。说实话，如果没有对自己、对朝廷、对时代、对理想超乎寻常的执着与自信，就不可能有如此振聋发聩的强烈呼唤！

李白在经历了长安政治失败、经历了永王事件、经历了牢狱之祸后，之所以对自己依然有如此之高的评价，答案只有一个，那就是他依然热爱这个国家，依然有着安世济民的理想，依然相信自己还有机会、有能力为国家、百姓做事。这种近乎自负的自信，正是盛唐文化赋予他的胸怀，这就是“天生我才必有用”的真正内涵。

我们现在不去探究李白是否真正具有政治才能，但他的诗、文确实反映一种典型的历史情绪。这种历史情绪，就是盛唐乐观、自信、永不言败的精神。盛唐的精神是不可复现的，同样，李白的精神和人生，也是不可复显的。他有着极高的人生目标，而且他一直相信这个目标能够实现。他屡败屡战，坚持不懈，当他通过诗歌将这种自信、乐观表现出来时，就呈现给我们一种非常典型的时代情绪、历史情绪。这也是他与杜甫不同的地方，杜甫重在描述、重现历史的真实，而李白则重在抒发、表现历史的情绪。他的诗篇是如此浓烈的感染着我们，若不是其中闪耀着不灭的自信与执着的理想，我们就无从体会一千多年前的盛唐精神。

两京收复了，李白出狱了，还加入了宋若思幕府，他的政治前途似乎又重现一线光明，辉煌的人生似乎又将重新开始。李白加入永王幕府的经历虽然失败了，但他的爱国热情、理想抱负却并不因此而减退。希望的阳光似乎将再一次照耀在李白身上，他觉得人生可以重新开始。可是他万万没有想到，还有一个厄运在等待着他。

第七章

思想信仰

李白一派仙风道骨，是一位典型的道士。他自称仗剑行侠，似乎又是一位典型的侠士。他曾以洋洋千言干谒权贵豪门，十足的纵横家风范。而他对国计民生的关注、对功名利禄的追求，显然又具有某些儒家思想的痕迹。那么，李白的思想信仰究竟是什么呢？

丁酉夏
康震

噫吁嚱危乎高
哉蜀道之難難於
上青天

丁酉秋康震

一、修仙访道

李白号称“诗仙”，在他的身上、诗中始终散发着一股浓厚的神仙气、仙道气，这与李白的道教信仰有很大关系。我们曾在前一章讲过，李白不仅是一位道士，而且是一位接受道箓、有“文凭”的道士。

在少年时期，李白就信仰道教，他在《感兴》其五中说“十五游神仙，仙游未曾歇”。李白的忘年交贺知章曾称呼他是“谪仙人”，意思是说李白是从天界下凡人间的神仙，在他看来，李白身上的确带着超凡脱俗的气质。杜甫曾经写过一首《饮中八仙歌》，其中说到李白：“李白一斗诗百篇，长安市上酒家眠。天子呼来不上船，自称臣是酒中仙。”前两句诗淋漓尽致地表现出李白豪饮的巨大酒量、卓越的诗歌创作才能、狂放不羁的生活态度。但是最感染后人的，还是“天子呼来不上船”的那种傲岸不谐的性格。面对皇帝的召唤，李白非但没有诚惶诚恐，反而以“酒中之仙”自许，表现了他傲视权贵的精神。今天我们当然无从考察李白这一行为的真伪，但这种行为方式的确非常符合李白的性格逻辑。李白在人们的心目中，正是这样一个桀骜不驯、豪放纵逸、傲视权贵的人物。

显然，最能体现李白豪放气度、神仙气度的举动就是饮酒，特别是他酒醉之后狂放不羁的行为，愈加烘托了这种神仙气。李白嗜酒如命，而且酒量非常大，这在他的诗里边有很充分的反映。如

“百年三万六千日，一日须倾三百杯”（《襄阳歌》）、“穷愁千万端，美酒三百杯”（《月下独酌》）、“烹牛宰羊且为乐，会须一饮三百杯”（《将近酒》）、“一杯一杯复一杯，千杯绿酒何辞醉”（《山中与幽人对酌》）等等，他的朋友崔成甫在《赠李十二》中称他“天外常求太白老，金陵捉得酒仙人”。

李白是否真的如他诗中所说的那样，一杯一杯地喝掉成百成千杯的美酒呢？这其中显然有夸张的地方，但他的酒量大应该毋容庸置疑。还需要说明，当年李白所饮用的酒并不是我们现代人所饮用的白酒——经过蒸馏提纯的白酒，而是没有经过蒸馏、过滤的米酒，酒精含量比较低，所以他可以喝那么多酒，不然非酒精中毒不可。

其实问题的关键，并不在于李白的酒量究竟有多大，而是在于李白饮酒过程中所表现的不同凡响的巨大能量。也许，每次当他喝醉之后，就会产生一种飘飘欲仙的感觉，这种感觉或许与成仙的感觉最为相近。对此我们当然不得而知，但有一点似乎可以肯定，那就是李白醉酒之后，文思似乎更加敏捷、创作似乎更加富于激情、文采似乎更加美妙。其实古往今来的酒徒何止千千万万，他们比李白的酒量可要大得多了，但是我们为什么唯独欣赏李白喝酒的力量、气势呢？因为李白喝酒喝出了一种卓然不同的气势、不同凡响的境界。酒在李白的诗歌创作中扮演了催化剂的角色，是催生他创作灵感、创作激情、创作火花的重要能量。正是在飘然若仙的醉态当中，诗人的思想、情感点燃起熊熊的火焰，诗人的生命焕发出更加精彩的光辉，那些千古流传的杰作、动人心魄的伟大作品往往就是在美酒的燃烧中一挥而就，在旁人看来简直犹如神助。这种超凡的文学创作才能，超乎寻常的创作速度，上天入地、翻江倒海的狂放诗风，不正是鲜明的“诗仙”风范吗：

人生得意须尽欢，莫使金樽空对月。

天生我材必有用，千金散尽还复来。

五花马，千金裘，呼儿将出换美酒，与尔同销万古愁。（《将进酒》）

酒后竞风彩，三杯弄宝刀。

杀人如剪草，剧孟同游遨。

……

归来使酒气，未肯拜萧曹。（《白马篇》）

且乐生前一杯酒，何须身后千载名。（《行路难》三首其三）

作为一名有着正式“文凭”的道士，炼丹、服药、追求长生不老是李白必修的功课。李白服食菖蒲：“我来采菖蒲，服食可延年。”（《嵩山采菖蒲者》）菖蒲的根茎可以入药，据道教经书记载，服用菖蒲，十天以后可以消食，两个月以后不得冷疾，三个月以后百病痊愈，四年以后精神有余，五年以后骨髓充盈，六年以后面色光泽，犹如童子，七年以后白发变黑，八年以后生出新齿，九年以后皮肤细腻光滑，十年以后面若桃花，十一年以后骨头变轻，十二年以后就可以长生不老了。这就是道教给予人们的承诺：它从现世的角度提供了一个长生不老的妙方，是一个通过努力就可以达到的现世目标。唐代士大夫中不少人都去修道求仙，就是因为他们相信能够通过服药、炼丹实现长生不老的愿望。

李白的诗中还记录了自己炼丹、炼药的情景，好“愿随子明去，炼火烧金丹”（《登敬亭山南望怀古赠窦主簿》）、“炼丹费火石，采药穷山川”（《留别广陵诸公》）、“弃剑学丹砂，临炉双玉童”（《流夜郎半道承恩放还，兼欣克复之美书怀示息秀才》）等等。炼丹的主要的原材料是汞、铅、硫磺等化学物质，以今天科学的眼光来看，这些物质炼成的所谓丹药必然具有相当的毒性，但当时的人们却相信服用这些丹药可以长生不老，李白也许在某种程度上相信这一套理论，并努力践行长生不老的炼丹之法，这些诗就表达了他炼丹的热情和决心。看起来炼丹吃药不仅需要巨大的本钱，需要翻山涉岭花费巨大的精力，还需要一个健康的身体。

既然炼丹服药，就必须检验实际的效果。李白时常在诗里问自己："安得生羽毛，千春卧蓬阙"（《天台晓望》）、"九转但能生羽翼，双凫忽去定何依"（《题雍丘崔明府丹灶》），到底什么时候才能真正羽化登仙呢？这与炼丹的水平有直接关系。炼丹家们规定了九种不同层次的丹药成仙水平，称为"九转金丹"。晋人葛洪在《抱朴子·金丹》中说：

> 一转之丹，服之三年得仙；二转之丹，服之二年得仙；三转之丹，服之一年得仙；四转之丹，服之半年得仙；五转之丹，服之百日得仙；六转之丹，服之四十日得仙；七转之丹，服之三十日得仙；八转之丹，服之十日得仙；九转之丹，服之三日得仙。

在科学看来，吃这种金丹不但不能成仙，而且对身体有极大的害处。唐太宗、唐宪宗、唐武宗等帝王的去世，都与服食丹药有直接关系。李白在政治上不断遭遇打击，又过度饮酒并服食丹药，这对于他的健康无疑是极大的损害。许多研究者认为，李白五十多岁患脓胸症等疾病，六十岁刚出头即去世，与他过量饮酒、服食丹药不无密切关系。

当然，道教信仰、神仙信仰对于李白不止是坏处，也有很大的好处。从人生的角度来讲，他用狂放不羁的态度化解着人生的苦难，顺利地消解由于政治挫败带给自己内心的痛苦，从而能够一直怀着相对乐观自信的人生态度。更为重要的是，从文学的角度来看，道教的宗教氛围及瑰奇壮丽的想象，给予了李白上天入地、驰骋想象的空间，为其诗歌增添了无穷魅力。李白的诗，注重主观意念的抒发，注重发挥艺术想象，并以这种超乎象外、新奇瑰异的艺术境界来弥补造化之不足。所以，他的诗无比飘逸洒脱、天真率直，读了之后令人身心获得洗涤。

他总是天真的梦想着有一天神仙会来召唤他："仙人如爱我，举手来相招"（《焦山望松寥山》）；他们在一起进餐："一餐历万年，何用还故乡"（《古风》其四十一）；食用仙品后的他从此会长生不老："愿餐金光草，寿与天齐倾"（《古风》其七）；他还梦想自己能够随长风而去，在天外恣意逍遥地生活："吾当乘云螭，吸景驻光彩"（《古风》其十一）；那是真正飘然不群的神仙日子："独抱绿绮琴，夜行青山间。山明月露白，夜静松风歇"（《游泰山六首》其六）；所以他无比羡慕老朋友元丹丘的生活方式："朝饮颍川之清流，暮还嵩岑之紫烟，三十六峰长周旋"（《元丹丘歌》），在李白的笔下，这种自由自在的生活，是那样的温馨、那样的从容："玉女四五人，飘摇下九垓。含笑引素手，遗我流霞杯。"（《游泰山六首》其一）总之，在李白的精神生活当中，修道求仙占据着非常重要的地位。这样的生活体验、生活方式反映在诗歌当中，就产生了一种独具魅力的艺术效果。

第五章曾讲到李白的《梦游天姥吟留别》是一首留别诗，是一首纪梦诗，其实毋宁说它更是一首典型的游仙诗。难道不是吗？且看诗中处处都是山野仙踪：

> 海客谈瀛洲，烟涛微茫信难求。
> ……
> 我欲因之梦吴越，一夜飞度镜湖月。
> ……

脚着谢公屐，身登青云梯。半壁见海日，空中闻天鸡。
……
列缺霹雳，丘峦崩摧。洞天石扉，訇然中开。
青冥浩荡不见底，日月照耀金银台。
霓为衣兮风为马，云之君兮纷纷而来下。
虎鼓瑟兮鸾回车，仙之人兮列如麻。

海外来客传说中的神山瀛洲，是那样烟波微茫，难以求得。听到越人的口信，我一夜之间飞越境湖来到越中剡溪。穿上谢公的山屐，登上高峻的山路，看太阳沉浸在大海之中，耳际传来天鸡的啼鸣，这难道不是仙境吗？忽然，电闪雷鸣，山崩地裂，仙山石门轰然洞开，幽深的天空遥无边际，日月照耀着神仙的宫阙。看吧！那云中纷纷降临的群仙，多么的潇洒自在……

全诗以入梦开端，以梦醒收束，笔触所到之处，无不在梦中求仙，但骨子里却将求仙、仕途对立起来，透出强烈的个性。“安能摧眉折腰事权贵，使我不得开心颜”两句，将作者积蓄已久的愤懑爆发出来，赋予仙道思想以自由舒畅的个性气息，具有深刻的人格魅力。李白的心思看似在求仙，可他其实根本无法淡忘政治的挫折、现实政治的黑暗，忍不住要在这求仙诗里宣泄出来。于是，这首诗既有瑰丽的仙境，又有激烈的抗议、万端的感慨，并没有完全沉溺于虚无缥缈的神仙世界中，最终的落脚点依然在于现实。其实，李白许多写求仙、访道、炼丹的诗，都是在表现他对自由生活的渴望、对独立人格的向往。所有这些，就构成了李白道教信仰的丰富内容。

二、乱世纵横

纵横家思想始终贯穿李白的一生。十七八岁的时候，李白曾在四川绵州戴天大匡山，跟从赵蕤学习纵横之术。赵蕤，四川梓州人，任侠有气，不愿做官，著有《长短经》十卷，内容就是纵横术。

纵横之术或者说纵横家的核心是什么？就是王霸之道、强国之政。赵蕤《长短经》的核心思想是什么？就是如何审时度势、相机推行王霸之政。什么是审时度势？就是辨明天下大势，游说海内诸侯，成就一代功业。战国时代的苏秦、张仪等人就是典型的纵横家，他们往来诸侯之间，纵论天下利害形势，说服帝王将相接受自己的强国之策，从而置身显达、成就功名。对李白而言，这种功利性、目的性乃至操作性都非常强的政治权术具有很大的吸引力。

李白曾写《与韩荆书》，向荆州刺史韩朝宗自荐。这封信就很有些纵横家的气息："白闻天下谈士相聚而言曰：'生不用万户侯，但愿一识韩荆州。'"这是对对方的高度赞誉。

"愿君侯不以富贵而骄之、寒贱而忽之，则三千之中有毛遂，使白得脱颖而出，即其人焉"。这是对对方的期望。

"白，陇西布衣，流落楚、汉。十五好剑术，遍干诸侯。三十成文章，历抵卿相。虽长不满七尺，而心雄万夫。皆王公大臣，许与气义。此畴曩心迹，安敢不尽于君侯哉"！这就是纵横家的真面目了，狂傲、自负甚至有点霸道，但的确有股纵横天下、舍我其谁的气概。

李白这个唐朝的士子，总是将自己想象成苏秦、张仪那样纵横诸侯间的一介狂士，总是将自己想象成平原君门下自荐成功的门客毛遂[①]。在《送薛九被谗去鲁》一诗中，李白引用了很多战国纵横家

① 战国时期，秦国攻打赵国，平原君与楚王相约救赵。平原君挑选勇士二十人赴盟会，只选得十九人。门客毛遂挺身自荐。平原君说，我的优秀门客如同锥子，早从口袋里露出尖儿了。毛遂反驳说，你没把我放在口袋里，怎么露出尖儿来？在与楚王的盟会上，毛遂按剑胁迫楚王与平原君订立盟约共同救赵，平原君不得不叹服毛遂的才能。成语"毛遂自荐""脱颖而出"皆由此而来。李白借此典故希望能得到韩朝宗的破格推荐（事见《史记》卷 76《平原君虞卿列传》）。

的典故：

田家养老马，穷士归其门。
蛾眉笑躄者，宾客去平原。
却斩美人首，三千还骏奔。
毛公一挺剑，楚赵两相存。
孟尝习狡兔，三窟赖冯谖。
信陵夺兵符，为用侯生言。
春申一何愚，刎首为李园。
贤哉四公子，抚掌黄泉里。
借问笑何人，笑人不好士。

李白感叹唐代养士之人太少，呼吁天下之人多多养士、多养门客。其实，这根本不是愿不愿意养士的问题，而是是否适宜养士的问题。战国时代，周王朝的中央权威、制约力早已荡然无存，群雄逐鹿，诸侯争霸，如果想争得霸主的地位，就必须广求天下人才、网罗各方豪杰，养士之风自然盛行，这是时代风气使然。在隋唐乱世之际，李世民、李建成、李元吉兄弟也都曾蓄养勇士，为将来谋求大宝之位作准备。可盛唐时代的情形就完全不同了，皇权集中，社会秩序稳定，经济文化繁荣，社会制度完备。在一个稳定发展、秩序井然的社会当中蓄养大批的门客，不但无益于社会稳定，反而会造成社会的动荡、动乱。私人蓄养士人，等于公开挑战现存的国家人才选拔体制，公开挑战皇权的权威性、唯一性，所以在盛唐倡导养士不仅危险，而且也不符合时代的需要。

李白的诗中常常提到燕昭王，希望能够遇到一个明君，能够像燕昭王那样赏识自己的才华：

燕昭延郭隗，遂筑黄金台。
剧辛方赵至，邹衍复齐来。
奈何青云士，弃我如尘埃。
珠玉买歌笑，糟糠养贤才。
方知黄鹤举，千里独徘徊。(《古风》其十五)

燕昭王当年想招募天下英雄，听从谋士郭隗的建议，为郭隗筑室，表明招募士人的诚意。后又筑起黄金台，招致乐毅、邹衍等大批贤才纷纷投奔燕国。李白也希望统治者能够与士人建立这种明君贤臣的关系。然而这只能是一种理想的奢求，现实中哪会有那么多的燕昭王呢？于是李白想要远走高飞、另谋出路了。想当年战国鲁人田饶不被重用，他告诉鲁哀公："臣将去君，黄鹄举矣！"结果田饶被燕王立为相国，燕国因此富强，哀公为此追悔不已。然而，对于李白而言，不去投奔玄宗皇帝又能投奔谁呢？此时毕竟不是春秋战国时代，没有那么多可供选择的政治机遇。如果当今圣上并不看重于你，即便想离开，也没有燕国那样可供施展才华的地方啊！所以诗人只能独自徘徊、大声感叹：

大道如青天，我独不得出。
羞逐长安社中儿，赤鸡白雉赌梨栗。
弹剑作歌奏苦声，曳裾王门不称情。
淮阴市井笑韩信，汉朝公卿忌贾生。
君不见昔时燕家重郭隗，拥篲折节无嫌猜。
剧辛乐毅感恩分，输肝剖胆效英才。
昭王白骨萦蔓草，谁人更扫黄金台。
行路难，归去来。(《行路难三首》其二)

诗人不愿意靠出卖人格来讨好权贵，希望以平等的人格去“平交王侯”。但他却得不到这些权贵们的重视，而是像当年的韩信一样遭到市井小人的嘲笑，像贾谊一样遭到当权者嫉恨与打击。在李白的心中，虽然始终怀抱着理想的君臣模式，但此时的唐玄宗似乎并不打算学习燕昭王招纳贤才的举动。诗中鲜明地流露了李白渴望功业的心情，表现出他在困顿中仍然期望有所作为的用世热情。

“安史之乱”爆发后，李白更加强烈呼吁燕昭王这样的明君主政：“揽涕黄金台，呼天哭昭王。”（《经乱离后天恩流夜郎忆旧游书怀赠江夏韦太守良宰》）显然，在国家危亡之际，李白的诗所抒发的已不仅仅是文人志士怀才不遇的牢骚，而是对君王用人不善导致山河破碎的激愤。

如此说来，纵横之术在太平盛世派不上用场。换句话说，只有生逢乱世，才会涌现出一大批往来游说诸侯之间的纵横家，只有群雄逐鹿的英雄时代才能为纵横家提供用武之地。赵蕤的《长短经》是隋唐之际诸雄争锋、豪侠并起的政治文化遗产，其中极力称道的人物也大都是姜太公、苏秦、张仪、汉高祖、张良、韩信、诸葛亮等乱世英雄。而李白的青年时代正处在唐皇朝承平之际，哪里又有纵横家用武的机会呢？

所以“安史之乱”爆发后，李白便梦想能够像战国策士那样，纵横天下，陈说奇谋，一举翦灭安史叛军，挽大唐狂澜于既倒。但是他的思想观念、历史观念却不大清晰。在他的脑海中，眼前的“安史之乱”，就是战国争雄，就是三国争霸，就是南北朝的混战。他将“安史之乱”错误地比作楚汉相争：“巨鳌未斩海水动，鱼龙奔走安得宁。颇似楚汉时，翻覆无定止。朝过博浪沙，暮入淮阴市。张良未遇韩信贫，刘项存亡在两臣。”（《猛虎行》）楚汉相争乃是刘邦、项羽争夺天下的战争，两方都无所谓正义、非正义；“安史之乱”却不同，这是代表国家正义的唐朝与代表非正义的安史叛军之间的战争，所以这样的类比显然很不恰当。至于将永王李璘即将占据金陵比作新帝即将即位："龙蟠虎踞帝王州，帝子金陵访古丘。春风试暖昭阳殿，明月还过鳷鹊楼。"（《永王东巡歌十一首》其四）就更是糊涂的政治认识。

但无论如何，"安史之乱"对李白实现政治抱负的确是一个机会。他那以纵横家自许的满腔豪气蓄势已久，如箭在弦，不得不发了。所以，当永王李璘幕僚韦子春等人三次上庐山来邀请他，他的脑海中自然呈现出刘备"三顾茅庐"请诸葛亮出山的情景："当其南阳时，陇亩躬自耕。鱼水三顾合，风云四海生。武侯立岷蜀，壮志吞咸京。"（《读诸葛武侯传书怀赠长安崔少府叔封昆季》）恍惚之间，他觉得自己就是诸葛亮，以对历史的文学想象来对应现实政治，这不免使他以纵横家的姿态、心态来看待"安史之乱"、解读"安史之乱"、介入"安史之乱"，这又怎么能不出问题呢？李白始终是一个理想主义者，总是将理想主义的框架搬到现实政治生活中来，又怎么能不碰壁呢？他总自认为是管仲、乐毅、诸葛亮，表现出傲岸不谐、卓尔不群的姿态，在现实生活、现实政治中，这恰恰是为人处事的大忌讳。

宋人胡仔在《苕溪渔隐丛话》中有一段话说得很好：

> 然太白岂从人为乱者哉？盖其学本出纵横，以气侠自任，当中原扰攘时，欲藉之以立奇功耳。故其《东巡歌》有"但用东山谢安石，为君谈笑静胡沙"之句。至其卒章乃云："南风一扫胡尘静，西入长安到日边。"亦可见其志矣。大抵才高意广，如孔北海之徒，固未必有成功；而知人料事，尤其所难。议者或责以璘之猖獗，而欲仰以立事，不能如孔巢父、萧颖士察于未萌，斯可矣；若其志，亦可哀已！

以李白的理想抱负，绝对不会主动参与谋逆大唐皇朝的活动。他之所以误入永王李璘的军队，关键是想仿效谢安、管仲、鲁仲连等盖世英雄，在乱世之中建立不世之奇功。这种迫切、急切的愿望，与长期怀才不遇的心境、对于现实的种种不满、不切实际的政治幻想、脱离现实政治生活实际的纵横家思想汇集在一起，必将使他对现实政治形势做出错误的判断，这种错误的判断又将导致他在现实生活中惹上种种麻烦，终于酿成政治生活中的大悲剧。然而造物主就是这么神奇，政治理想的天真幼稚、政治生活的惨痛悲剧，经由李白天才的诗歌创造，反而升华成为艺术领域的精品，反而迸发出精彩夺目、震撼人心的情感力量，李白也因此赢得后人的敬仰与赞誉。

三、仗剑行侠

李白自幼喜好剑术，崇尚那些武艺高强、纵横天下的侠客义士，行侠仗义也是李白思想的突出表现。李白从学纵横术的赵蕤也是一位任侠之人，对李白的思想影响很大。刘全白在《唐故翰林学士李君碣记》中，说李白："少任侠，不事产业，名闻京师。"看来李白青少年时代就有着侠客的气质，不看重家产家业，好尚行侠仗义，因此而名动京城。李白平时的装扮也很有点侠客的模样："金羁络骏马，锦带横龙泉。"朋友崔宗之在《赠李十二白》一诗中说他："袖有匕首剑，怀中茂陵书。双眸光照人，辞赋凌《子虚》。"看来，骏马、宝剑都是李白日常生活装扮中不可或缺的行头。李白还曾专门学习剑术，在《五月东鲁行，答汶上翁》中说："顾余不及仕，学剑来山东。"不想去做官，而愿来习武。李白的武艺似乎也很高强，在《赠宣城宇文太守兼呈崔侍御》一诗中记录了自己在幽州打猎时的情景："闲骑骏马猎，一射两虎穿。回旋若流光，转背落双鸢。"弯弓一箭就射穿两只老虎，反身又是一箭，两只鹞子从天而落。虽不免有些夸张，但诗人的武功箭术还是相当高强的。

李白非常向往古代的侠士，仰慕他们的风采。侠文化是中国文化的宝贵遗产，它注重践诺、注重义气、注重个人价值的实现，也注重社会正义感。本质上，任侠的言论、行为都是构成对现存社会秩序的批判因素。显然，任侠的文化精神与李白的个性具有某些相似之处，这也是李白非常向往任侠生活的一个重要原因。他在《侠客行》中写道：

赵客缦胡缨，吴钩霜雪明。
银鞍照白马，飒沓如流星。
十步杀一人，千里不留行。
事了拂衣去，深藏身与名。
闲过信陵饮，脱剑膝前横。
将炙啖朱亥，持觞劝侯嬴。
三杯吐然诺，五岳倒为轻。
眼花耳热后，意气素霓生。
救赵挥金槌，邯郸先震惊。
千秋二壮士，煊赫大梁城。
纵死侠骨香，不惭世上英。
谁能书阁下，白首太玄经。

李白想象中的侠客，头戴冠帽，腰佩宝剑，身跨骏马，潇洒飘逸地游走在江湖之上。他们武艺高超，胆气过人，一旦路见不平，就会行侠仗义、拔刀相助，事后之后却拂衣而去，不留姓名。这些侠士最令人敬佩的品质就是：重然诺，讲信义。三杯酒下肚，一旦许下诺言，他们就愿意为对方两肋插刀，甚至付出生命的代价，他们将自己许下的诺言看得比五岳还要重。在李白的心目中，这些侠客即便不幸死去，他们的英雄行为也会万古流芳。

在李白笔下，侠客们忠肝义胆，光明磊落，行为果敢，出手迅疾，令人仰慕至极："感君恩重许君命，太山一掷轻鸿毛。"（《结袜子》）"托交从剧孟，买醉入新丰。笑尽一杯酒，杀人都市中"（《结客少年场行》）。其实李白不仅仅是歌颂历史上的侠客，他自己也有辉煌的任侠经历。魏颢在《李翰林集序》中说他："少任侠，手刃数人。"在《赠从兄襄阳少府皓》中，李白说自己："托身白刃里，杀人红尘中"，在《白马行》中，他说自己："酒后竞风采，三杯弄宝刀。杀人如剪草，剧孟同游遨。"可见，李白身体力行地在践履自己的任侠信仰。

不过这里存在一个问题：李白难道真如他所说的杀过人，而且还杀了不止一次、不止一人？要知道，唐代的法律制度极为完备严谨，《唐律》是迄今为止保存得最完整、最早的古代中国成文法典。它代表中国古代立法的最高水平，是中华法系的代表。《唐律》的量刑原则是公罪从轻、私罪从重。其中对"六杀"之罪（谋杀、故杀、斗杀、误杀、过失杀、戏杀）有较重的惩罚。谋杀、故杀都要处以极刑，斗杀、误杀、戏杀、过失杀虽不至于全处以极刑，但免于极刑者也会面临长途流放、罚金等严重的处罚。《唐律》卷 8《斗颂律》还规定："诸斗殴杀人者，绞。以刃，及故杀人者，斩。虽因斗，而用兵刃杀者，与故杀同。"因斗殴杀人者处以绞刑，斗殴中使用兵刃者处以斩刑。

这里可以举出两个比较典型的例证来说明《唐律》的公正严明。武后时期，同州下邽人徐元庆为报杀父之仇，手刃仇家，自首归罪。初唐诗人、时任谏官的陈子昂上疏武后，认为对待徐元庆"宜正国之法，置之以刑，然后旌其闾墓，嘉其徽烈，可使天下直道而行，编之于令，就为国典"（《复仇议状》），即先按照国家的法律量刑，对徐元庆处以极刑，然后再表彰徐元庆为父报仇的行为。换句话说，徐元庆的杀人行为本身触犯了刑律，按律当斩，必须执行；同时，徐元庆为父报仇又是孝子的行为，符合当时的道德规范，必须予以表彰。陈子昂的建议，既维护了法律的尊严，又维护了道德的尊严，于情于理都说得过去。

唐玄宗开元二十三年（735），嶲州都督张审素被殿中侍御史杨汪冤杀，张审素的儿子寻机将杨汪杀死，然后去官府自首。时人认为张审素本属无罪而死，其子为父报仇，应当予以赦免，宰相张九龄也持这样的看法。然而大臣裴耀卿、李林甫认为这样做会败坏国法，唐玄宗对张九龄说："孝子之情，义不顾死，似可哀矜；然杀人而赦之，此途不可启也。乃下敕曰：'国家设法，期于止杀。各伸为子之志，则谁非徇孝之人？展转相仇，何有限极！……宜付河南府杖杀。'士民皆怜之，为作哀诔，榜于衢路。市人敛钱葬之于北邙。"（《资治通鉴》卷214）可见唐玄宗最终之所以处死张审素之子，其根本目的是为了维护法律的严肃性、权威性，不允许以道德的名义来触犯法律——仁义固然可嘉，但国法更不容侵犯。

以上之所以不厌其烦的陈说例证，无非是想说明一个道理，如果李白真的如他自己所说"杀人如剪草""杀人红尘中"，以《唐律》的严整完备，他是不可能逃出法律制裁的。无论是什么原因杀人，就算不判处极刑，至少也是流刑。既然知道会有这样严重的后果，李白又怎么可能在诗中以如此得意的口吻向朋友炫耀呢？难道这样的行为对他将来的仕途发展有积极的推动作用？难道唐朝官员会欣赏、甚至任用一个屡屡触犯刑律的杀人犯吗？即便是为了行侠仗义，如此频繁地杀人，恐怕也难以赢得世人的理解与赞誉吧？更何况这些诗作并非作于同一时期，所以结论只能有一个，那就是：李白从来就不曾杀过人。

李白非但不曾杀过人，若在现实生活中真的遇到危险，也不会随随便便杀人。李白三十岁左右的时候，第一次去长安干谒权贵，曾在长安北门遭到恶人的围攻，形势非常危急。多亏他的好朋友陆调及时报官，并飞马赶来解围，李白才得以脱身险境。后来他在《叙旧赠江阳宰陆调》中说：“我昔斗鸡徒，连延五陵豪。邀遮相组织，呵吓来煎熬。君开万丛人，鞍马皆辟易。告急清宪台，脱余北门厄。”就是在这样危急的情况下，李白也没有手刃恶徒，更何况主动去杀人呢？

既然从未杀过人，为什么屡屡在诗文当中标榜自己有杀人记录呢？这难道是什么光荣的事迹吗？其实，李白之所以在文学作品中屡屡表白自己曾手刃数人、杀人如剪草，无非是想借助历史上侠客的真实行为、真实故事，来表达自己对任侠精神、任侠人格境界的追求与仰慕。这表现出一种典型的英雄主义、理想主义混合的时代情绪、历史情怀。在历史上，侠客的出现是与复仇、刺杀、报仇紧密联系在一起的。唐皇朝的建立本来就与山东、河北地区豪侠阶层有特别紧密的联系。隋、唐乱世之际，就曾涌现出秦叔宝、尉迟敬德、程咬金、单雄信等一大批英雄豪杰。唐高祖、唐太宗、武则天、唐玄宗也都曾经下达诏书广求勇士、猛士，任侠尚武成为唐代社会一种浓重的风气。但是随着战争动乱的结束，国家秩序的稳定，侠客反而成为社会的不稳定因素，豪侠的实际功能也开始淡化，逐渐转化成为人们追求英雄主义、理想主义的历史情绪、历史象征。不少唐代诗人都有任侠情结，如陈子昂：“少学纵横术，游楚复游燕。”（《赠严仓曹乞推命录》）卢藏用曾在《陈氏别传》中说子昂“奇杰过人，姿状岳立，始以豪家子，驰侠使气”。再如崔颢：“仗剑出门去，孤城逢合围。杀人辽水上，走马渔阳归。”（《古游侠呈军中诸将》）高适：“邯郸城南游侠子，自矜生长邯郸里。千场纵博家仍富，几度报仇身不死。”（《邯郸少年行》）就连儒者风范十足的杜甫也曾大呼：“白刃仇不义，黄金轻有无。杀人红尘里，报答在斯须。”（《遣怀》）这些诗的共同特点在于表达了那个时代对理想主义、英雄主义的追求。王维的《少年行二首》也很典型：

其一

新丰美酒斗十千，咸阳游侠多少年。
相逢意气为君饮，系马高楼垂柳边。

其二

出身仕汉羽林郎，初随骠骑战渔阳。
孰知不向边庭苦，纵死犹闻侠骨香。

其一，选取少年游侠高楼纵饮这一典型的生活片断，反映了盛唐时代侠少的豪纵风流、浪漫气质与理想化色彩。其二，表现了侠少的豪迈气概和报国热忱。情绪激昂，气势宏放，体现出阳刚之美。

李白仰慕那些历史上的大侠，实际是在呼唤内心对伟大崇高精神的向往，同时也是李白对建功立业思想的一种独特表达方式。李白在恍惚中觉得自己就是个侠客，我们则通过他的恍惚飘逸，看到了他的理想。事实上，对任侠思想的推崇、对侠客行为的赞叹，并非盛唐士人的最终追求。他们对于纵性任侠的生活远远不能感到满足，他们的终极目标是希望凭自己的侠肝义胆为国建功立业，施展宏图抱负。

侠士和纵横家有一个共同的特点，就是追求人格的平等，特别是在君王权贵的面前保持自己独立的人格，这与李白的思想性格尤其契合。前面我们曾提到的燕昭王与郭隗的故事，就充分体现出君主对士人个体人格、个体思想、个体行为的尊重。郭隗对燕昭王说，要想招致人才，必须懂得这样一个道理：将士人当作自己的老师，这样的人能称帝；当作自己的朋友，这样的人能称王；当作自己的大臣，这样的人能称霸；当作自己的奴仆，这样的人就要亡国。这正是李白特别向往的理想的君臣关系、君臣境界。

他梦想能够成为帝王之师：“如逢渭川猎，犹可帝王师。”（《赠钱徵君少阳》）将自己比作姜太公，等待君主的重用；却不愿意在帝王权贵的羽翼下苟且偷生：“乍向草中耿介死，不向黄金笼下生。”（《雉子斑》）李白完全以平交王侯的姿态来看待世俗的社会秩序：“揄扬九重万乘主，谑浪赤墀青琐贤。”（《玉壶吟》）“黄金白璧买歌笑，一醉累月轻王侯”（《忆旧游寄谯郡元参军》）。在他的眼中，万乘之主也可以调笑，五侯七贵更不在话下，看上去的确够狂妄的。其实，这就是诗人想要获得与王侯将平等人格、平等地位的表现。

但是时代毕竟不同了，这种理想的君臣关系只可能存在于春秋战国那个非常特殊的时代。对盛唐皇朝这个早已秩序化、纲常化的社会来说，那种所谓平等的君臣关系再也不可能复现。盛唐时代或许会有明君、能臣，但是大臣要在君主、社会秩序面前保持人格与思想的独立性谈何容易？正所谓“普天之下，莫非王土；率土之滨，莫非王臣”，李白就因为偏偏不信这个邪，所以才在现实政治生活中屡屡碰壁、郁郁不得志啊！

四、济世安邦

作为一名传统时代的读书人，儒家积极的入世思想当然是李白思想性格中最重要的组成部分之一。

青年时期的李白，意气风发，豪情满怀，心怀“济苍生”“安社稷”的远大人生目标，漫游全国，四处寻找机遇，也常常四处碰壁。在他政治失意的时候，道教、纵横家、任侠的思想就会占据他思想世界的一些角落，对他的儒家思想产生很大的影响。因此，李白的儒家思想信仰与传统士人的儒家信仰有很大的不同。

李白信仰道教、神仙：“严陵不从万乘船，归臣空山钓碧流。自是客星辞帝座，元非太白醉扬州。”（《酬崔侍御》）他宣称不愿再俯首称臣，从此要与玉皇大帝为朋友：“吾求仙弃俗，君晓损胜益。不向金阙游，思为玉皇客。”（《草创大还，赠柳官迪》）对道教神仙境界的向往，导致他有意疏远现实秩序乃至最高统治阶层，这显然与儒家的思想传统格格不入。李白信仰纵横家与任侠精神：“纵死侠骨香，不惭世上英。谁能书阁下，白首太玄经？”（《侠客行》）“儒生不及游侠人，白首下帷复何益”（《行行游且猎篇》）。“羞作济南生，九十诵古文。不然拂剑起，沙漠收奇勋”（《赠何七判官昌浩》）。显然，他认为那些苦读儒家经书的书生，不及自己心目中纵横诸侯的苏秦、张仪，不如跃马仗剑的豪侠。

其实，李白对儒家创始人孔子是非常推崇尊敬的。在《武昌宰韩君去思颂碑并序》中，他说：“仲尼大圣也，宰中都而四方取则”，极力赞扬孔子制礼作乐对中国文化的贡献。在《书怀赠南陵常赞府》一诗中，他还以孔子自比：“君看我才能，何似鲁仲尼。大圣犹不遇，小儒安足悲？”借助孔子的不遇来疏解内心的苦闷，认为自己的怀才不遇比起孔子来实在不算什么。在临去世时写下的《临终歌》中，李白依然将孔子看作自己的知音甚至化身：“后人得之传此，仲尼亡兮谁为出涕？”意思是说，孔丘听说鲁国人擒获麒麟，认为当代并非盛世而吉兽麒麟出世，真是生不逢时！因而悲伤哭泣。现在我这只大鹏就要死了，却没有人为自己而哭泣！

但是李白有时候又表现出对孔子的大不敬。比如《庐山谣寄卢侍御虚舟》：“我本楚狂人，凤歌笑孔丘。手持绿玉杖，朝别黄鹤楼。五岳寻仙不辞远，一生好入名山游。”他对孔子周游列国的处世之道不以为然，觉得自己这种游仙访道的日子才自在逍遥。《嘲鲁儒》其实也是对孔子的间接批评：“鲁叟谈五经，白发死章句。问以经济策，茫如坠烟雾。”讽刺鲁地的读书人只知死记硬背儒家的教义，却没有安邦定国的真本事。

李白对待孔子的这种略显矛盾的态度，其实反映了他思想信仰的复杂性与多元特征。与杜甫、白居易、韩愈相比，李白的儒家思想信念具有自己独特的特点。在他的思想信仰体系中，儒家的思想信仰并非处在独尊、主导地位，而是与其他各类思想信仰处在同一水平位置，也就是说，儒家思想并不是主导李白政治理想、生活理想的思想，只不过是其思想体系中的一支脉络而已。再者，李白的儒家思想是道家、纵横家、神仙家、任侠等多种思想形态交汇、影响下的儒家思想，其中包含着各家思想的成分、特色，在表现形态上也就不像单一儒家思想那么纯粹。对于儒家思想中注重礼乐教化、倡导尊卑纲常的思想倾向，李白似乎并不是那么在意；而对于儒家思想中注重治国平天下、注重君臣和衷共济、倡导仁政王道的思想倾向，李白显然表现出浓厚的兴趣。换言之，李白对于儒家思想信仰的选择性，体现了他自身多元化的文化思想背景。因此，李白的儒家思想信仰就更多地表现出实践性、功利性、实用性、时代性的特点，而思想性、思辨性、伦理性相对就要弱一些，这也是为什么李白的思想信仰不易为传统的儒学道统接受、理解、解读的原因[①]。

五、功名思想、独立精神

那么，我们不禁要问，难道在李白的思想信仰当中，就没有一种主导性的思想内核吗？回答：有的。无论是信奉道家思想，还是儒家思想、纵横家、任侠思想，其中居于核心位置的是李白的功名思想。儒家思想的核心在于内修心性、道德，外施礼乐、仁政，弘扬仁者精神。这个内涵显然不足以涵盖李白功名思想的全部内容。

对于李白而言，做任何事都要追求扬名立世，追求极大的成功成名，追求流芳千古，追求垂名万世，总而言之是追求千古不朽的功与名。这样的思想贯穿他的一生。李白求仙访道，也要取得惊世

① 限于体例、篇幅，此处无法展开对李白儒家思想人格的论述，可参看拙作《李白儒家文化人格探索》（刊载《陕西师范大学学报》1996 年第 3 期）

骇俗的效果，在山林中“养奇禽千计，呼皆就掌取食，了无惊猜”（《上安州裴长史书》），结果引起当地官员的关注，想要举荐他去朝廷。李白任侠更是仗剑四方，诗中虽说是千里不留名，其实是唯恐天下不知。无论是求仙访道还是仗剑任侠，都代表了李白渴望、追求不同凡响生活方式的意愿。李白一生最具成就的是诗文，在这方面自然更是当仁不让，他曾自夸：“日试万言，倚马可待。”（《与韩荆州书》）“兴酣落笔摇五岳，诗成笑傲凌沧海”（《江上吟》）。简单来说，李白在政治理想、生活理想、文学理想等各个方面都具有强烈的功名意识、功名追求。

在政治上，他追求非同寻常的宰辅之任，要使“寰区大定，海县清一”（《代寿山答孟少府移文书》），并且要以“一鸣惊人，一飞冲天”的非凡方式实现理想。所以李白的政治理想及其实现方式，都具有鲜明的求大功、曝大名色彩。

在生活上，他也追求卓尔不群、与众不同的生活方式、表现方式。他饮酒，就要“会须一饮三百杯”，因为“惟有饮者留其名”（《将进酒》）；他接济穷困士子：“东游维扬，不逾一年，散金三十余万，有落魄公子，悉皆济之。”出手之大方，不能不令人叹为观止；朋友死于旅途，他“炎月伏尸，泣尽而继之以血”（见《上安州裴长史书》），并将朋友的尸骨背负回城，借贷正式安葬。像这样惊世振俗的举动，当然会给他赢得很高的声名。

在文学方面，他不仅自夸，还搬出当代大文豪、前任礼部尚书苏颋的评语：“此子天才英丽，下笔不休，虽风力未成，且见专车之骨。若广之以学，可以相如比肩也。”（《上安州裴长史书》）夸奖李白禀赋奇高，文采多姿，诗文气魄宏大，如果加深修养，必将与司马相如并驾齐驱。李白特意说明苏颋的评语广为有识之士所知：“四海明识，且知此谈。”（《上安州裴长史书》）

安州郡都督马正会也曾对李白的文采赞不绝口，认为他人文章毫无生气，李白的诗文“清雄奔放，名章俊语，络绎间起；光明洞彻，句句动人。”李白说：“若苏、马二公愚人也，复何足陈？”（《上安州裴长史书》）如果连苏颋、马正会这样的评语也算不得高明的话，还有谁的评价够水平呢？

可见，李白利用一切可能的机会来扩大、提升自己的知名度、曝光度，最大限度的实现自己的大功名、大理想。正因为李白的功名思想突破了一般士人观念中的建功立业、安邦定国，广泛涉及他生活的方方面面，他在面对社会秩序、纲常礼教、儒家道统的时候，必然表现出鲜明的李白式的个性色彩、独立精神、独立意志。也就是说，李白要在人生的各个方面成就大功业、赢得大声名，必须要超越世俗社会秩序的束缚，发常人不发之语，为常人不为之事，走常人不走之路，当然，如果不幸遭到失败，那也得忍受常人难以忍受的非同寻常的痛苦。

所以说到底，李白功名思想的真正内核，就是独立的思想、独立的人格、独立的行为、独立的言论。这里所说的独立，并不是脱离社会、离群索居、孤芳自赏，而是始终站在知识分子独立自觉的思想立场上去思考、去分析、去判断、去行动、去承担……而不是依附于任何特权阶层、利益集团，做他们的传声筒、代言人。李白要最大限度地成为自己思想、行为、个性的主人，这就是独立人格、独立思想、独立行为的真正内涵，也是以李白为代表的盛唐知识分子最可宝贵的精神财富。

李白思想个性的形成不是偶然的，是在中国古代社会之黄金时代——盛唐皇朝多元文化格局的融会中逐渐形成的。李白本人就是盛唐多元文化格局的伟大象征。他出生在西域碎叶城，在四川度过青少年时代，后曾广泛游历长江、黄河流域的各大城市，走遍了这些地区美不胜收的自然形胜，接受了不同类型、不同层面文化的熏陶，如西域文化、巴蜀文化、关陇文化、河东文化、江汉文化、湖湘文化、江南文化、浙东文化等等；受到了各种学说的影响，如道教、道家、儒学、神仙家、纵横家、任侠等等。李白的经历很复杂，大起大落，大喜大悲，他跟唐朝的最高统治者唐玄宗打过交道，也与社会最底层的酿酒老翁、冶炼工匠过从甚密；他曾在皇宫里饮酒作乐、欢歌笑语，也曾深陷囹圄、惨遭流放……

李白一辈子都生活在幻想中、理想中，生活在自己人生理想的执着和自信当中。他从来不会放弃，也永远不说放弃，始终如一坚持着自己的追求，永远向前走。这就是我们心目中的李白，永恒的李白，可爱的李白，痛苦的李白，快乐的李白，更是伟大的李白。

第八章

交游往来

李白作为一位个性张扬的天才诗人，交游十分广泛，在他留存下的诗文中，提到有姓名、官职名称的大约就有四百多人。那么，李白一生主要结交的人物有哪几类呢？他们当中，谁是李白的真朋友，谁是李白的假朋友？

交游，就是交往、打交道的意思。李白一生交友无数，在他现存的九百多首（篇）诗、文中，有姓名、有官职名称的就有四百多人，其中涉及许多高层人物，如唐玄宗、杨玉环；涉及不少宗教人物，如道教领袖司马承祯、道士元丹丘、炼丹师焦炼师；涉及不同阶层的官员——上自宰相、将军，下至小小的士兵、狱卒；跟他打过交道的文学家更多，最为著名的如杜甫、贺知章、王昌龄、孟浩然、高适等等；还有些三教九流之徒——歌妓、纤夫、农夫、酒保、工匠、僧人、隐士、落魄书生。凡此种种，不一而足，这里我们重点介绍几位比较有代表性的人物。

一、诗圣杜甫

韩愈曾盛赞:“李杜文章在，光焰万丈长。”李白和杜甫以其杰出的创作成就，被称为中国古代诗歌史上的“双子星座”，因此人们对李、杜之间的友情很感兴趣。

杜甫字子美，号“少陵野老”，生于唐玄宗先天元年（712），比李白小十一岁。杜甫的诗风格多样，以沉郁顿挫为主，诗体则以古体、律诗见长。后世称杜甫为“诗圣”，称杜诗为“诗史”。然而在唐玄宗开元、天宝时期，杜甫的名气声誉还远远不如后世评价那么高，也远不如当时名满天下的“诗仙”李白。那么这两位唐代诗歌史上的“双子星”究竟是怎样相识的？

杜甫跟李白第一次见面是在天宝三载（744）。在第五章中我们曾说过，政治失意的李白离开长安后，一路东行来到汴州（今开封市东南，古称梁州）、宋州（今商丘市南），正好与在此间料理家事的杜甫相遇。他们一见如故，相约漫游梁、宋，李白时年四十四岁、杜甫三十三岁。盛唐诗人高适此时也正好路过汴州，于是加入了这次愉快的漫游之旅，也成就了一段文坛佳话。

杜甫晚年回忆这次漫游活动，写下《遣怀》一诗，表达对年青时代的向往：

> 昔我游宋中，惟梁孝王都。
> 名今陈留亚，剧则贝魏俱。
> 邑中九万家，高栋照通衢。
> 舟车半天下，主客多欢娱。
> 白刃雠不义，黄金倾有无。
> 杀人红尘里，报答在斯须。
> 忆与高李辈，论交入酒垆。
> 两公壮藻思，得我色敷腴。

在繁华喧闹的都市中，三人会聚一堂，痛饮共醉。正是万家灯火，舟车如梭，高栋通衢，其乐融融。城中的豪侠慷慨仗义，快意恩仇。他们手刃那些忘恩负义之徒，出手相助那些贫困潦倒的百姓。读罢不禁要问，这盛唐诗坛的三位巨子在一起究竟会谈论什么话题呢？是谈论如何仗剑行侠、纵马围猎、游仙访道，还是谈论如何吟诗作赋、入仕为官、安邦治国？总之，盛唐时代的一切都会出现在他们的话题之中。这是一段难忘的岁月，是一段亲密无间、豪情奔放的岁月："醉眠秋共被，携手日同行。……不愿论簪笏，悠悠沧海情。"（《与李十二白同寻范十隐居》）"痛饮狂歌空度日，飞扬跋扈为谁雄”（杜甫《赠李白》）。

总之，这次漫游给杜甫留下了深刻而美好的记忆。

后来，李白因参加永王李璘军队而被捕入狱，杜甫得知这个不幸的消息后，写下一首《不见》，表达对李白的关心：

不见李生久，佯狂殊可哀。
世人皆欲杀，吾意独怜才。
敏捷诗千首，飘零酒一杯。
匡山读书处，头白好归来。

写这首诗时，杜甫自己的日子也不好过，他辗转到了四川成都，此时距离他们分别已经有十五年。他得知李白被流放之后非常难过。他深深地理解李白，不仅怜惜李白的才华，也为李白在政治上蒙冤而愤愤不平。在杜甫的心目中，李白是一个诗酒飘零的浪漫诗人，他充满激情，又有着敏捷的才思，但他的思想行为却往往得不到世人的尊重与理解，因此不得不以饮酒来解脱心灵的苦闷。在杜甫看来，李白应该回到少年读书的大匡山去，在那个与世无争的地方悠哉悠哉地生活，早早结束这颠沛流离的漂泊生活。这首诗表达了杜甫对李白的思念，更重要的是表达了对他前途命运的关心。李白被贬逐流放夜郎以后，杜甫时常挂念他的衣食住行，为他的安全而担心：“江湖多风波，舟楫恐失坠”“水深波浪阔，无使蛟龙得”（《梦李白二首》）。

从杜甫的诗中，我们可以看出，杜甫一旦跟这位老大哥相识之后，心里就再也放不下他了，所以才会在不同的情况下、不同的历史时期写下许多怀念他的诗，如《冬日怀李白》《梦李白》《天末怀李白》等等。我们读了这些诗以后，能够深深地感觉到，杜甫是发自内心地关心着李白的命运，希望李白能得到世人的理解，希望李白能真正施展他的才华，这种关怀深刻而细致入微。

杜甫晚年写了一首《寄李十二白二十韵》，更加体现了杜甫对李白发自内心的关怀和理解：

昔年有狂客，号尔谪仙人。
笔落惊风雨，诗成泣鬼神。
声名从此大，汩没一朝伸。
文彩承殊渥，流传必绝伦。
龙舟移棹晚，兽锦夺袍新。
白日来深殿，青云满后尘。
乞归优诏许，遇我宿心亲。
未负幽栖志，兼全宠辱身。
剧谈怜野逸，嗜酒见天真。
醉舞梁园夜，行歌泗水春。
才高心不展，道屈善无邻。
处士祢衡俊，诸生原宪贫。
稻粱求未足，薏苡谤何频。
五岭炎蒸地，三危放逐臣。
几年遭鹏鸟，独泣向麒麟。
苏武先还汉，黄公岂事秦。
楚筵辞醴日，梁狱上书辰。
已用当时法，谁将此义陈。
老吟秋月下，病起暮江滨。
莫怪恩波隔，乘槎与问津。

李白在他整个家族里边排行第十二，所以称他为“李十二白”。这首诗很长，可以看作是一个杜甫版的《李白传》。杜甫用诗歌概括了李白的一生，特别是“昔年有狂客，号尔谪仙人。笔落惊风雨，诗成泣鬼神”几句，已经成为后世评价李白性格特征和诗歌创作的经典评语。杜甫是真正理解李白的人，虽然他们自东鲁分开后再也没有见面，但是杜甫一直以一种很深厚的情意在关注着李白的行踪与命运。

对于他们共同的漫游生活和交往，李白与杜甫的反应不大相同。李白对杜甫的牵挂、关心，远远不如杜甫来得细致、丰富。杜甫曾写有二十多首关于李白的诗作，而李白与杜甫相关的诗作只有四首，因此有人就猜测李白与杜甫的交往关系可能不大均衡、不大平等。其实这种猜测完全是不必要的，李、杜之间的交往不存在均衡、平等的问题，只存在个性、年龄、经历的差别问题。李白的性格狂放恣肆、不拘小节，杜甫在年轻的时候虽然也有裘马轻狂的一面，但总的来说还是比较沉稳内敛，比较善于体会细微的生活情感、生活细节。与杜甫相比，李白的诗极少回忆他的父母、家族成员，也很少回忆故乡的生活，对于妻子儿女的描写虽然相对多一点，但与杜甫相比还是要少得多，也粗略得多。至于个人的家庭生活，在诗中反映的就更少了。也许，李白并不特别关注、牵挂个人情感、个人生活。对李白来讲，永远有更多、更新鲜的事物在吸引着他的目光，每天都有更多不同的人、不同的情感在刺激着他的神经，他的注意力永远都集中在那些惊天动地、惊心动魄的大事件、大目标上，对于身边细微的小事、细微的心理、细微的情感也许并不十分在意，也没有更多的精力去关注。李白的经历起伏跌宕，荣辱反差巨大，他曾经接受唐玄宗的召见，做过皇帝身边的翰林供奉，荣极一时，但也曾身陷囹圄，做过阶下之囚；他曾经遍游四方，广交宾朋，声名广大，最终却在当涂小县族叔的家中默默逝去；这样的人生经历也使得李白不大可能过分关注、流连某一段、某一处细腻的情感。

但即便如此，在给杜甫的诗中，也依旧洋溢着浓浓的情意：

醉别复几日，登临遍池台。

何时石门路，重有金樽开。
秋波落泗水，海色明徂徕。
飞蓬各自远，且尽手中杯。（《鲁郡东石门送杜二甫》）

写这首诗时，正是天宝五载（746），李白与杜甫在东鲁重逢。他在诗中感叹，不久朋友们就要分别，只想痛痛快快地畅饮游赏，希望能够有机会与杜甫再次相会石门，重开金樽。诗中既有分别的惆怅，也有未来的担忧，李白将所有这一切都化作了杯中之酒，将无尽的情怀都倾注在这杯酒中，既显示出对杜甫浓厚的情谊，又显示出这分友情的豪迈、真率。

李白还写诗打趣杜甫，充满了朋友的幽默诙谐之情。在《戏赠杜甫》中，他写道："饭颗山头逢杜甫，头戴笠子日卓午。借问别来太瘦生，总为从前作诗苦。"杜甫大概一直是比较清瘦的吧，不然李白为什么看到这位久别的后生朋友，要用如此戏谑的语调表达自己的关心呢？杜甫在《赠李白》中则写道："秋来相顾尚飘蓬，未就丹砂愧葛洪。痛饮狂歌空度日，飞扬跋扈为谁雄？"二人一唱一和，互相勾勒着彼此的形象，读来如见其人、如闻其声，尽显彼此的友情。

闻一多先生在《杜甫》（《唐诗杂论》）一文中谈到李白和杜甫的会面，他说："我们该当品三通画角，发三通擂鼓，然后提起笔来蘸饱了金墨，大书而特书。……我们再逼紧我们的想象，譬如说，青天里太阳和月亮走碰了头，那么，尘世上不知要焚起多少香案，不知有多少人要望天遥拜，说是皇天的祥瑞。如今李白和杜甫——诗中的两曜，劈面走来了，我们看去，不比那天空的异瑞一样的神奇、一样的有重大的意义么？"作为中国诗歌史上最伟大的诗人，李白与杜甫居然在同一个时代相会，彼此结下了深厚的友谊，这是多么浪漫的故事！对于大唐皇朝，对于千年之后的我们，这又是多么值得庆幸、自豪的传奇啊！

丁酉歲 康震

李白乘舟將欲行忽聞
岸上踏歌聲桃花潭水深
千尺不及汪倫送我情

康震

二、风流孟浩然

李白一生结交的诗人很多，既有与他年龄相仿的，也有与他年龄相差比较大的，杜甫比李白小十一岁，而孟浩然则比李白大十二岁。孟浩然，字浩然，生于武后永昌元年（689），是唐代山水田园诗的代表作家，与王维齐名，后世称为“王孟”。他最有名的诗句无过于“春眠不觉晓，处处闻啼鸟。夜来风雨声，花落知多少”（《春晓》）。不过，像孟浩然这样一个淡泊名利、吟啸山水的隐士，怎么会与生性狂放、一心追求功名的李白成为好朋友呢？我们都还记得那首著名的《黄鹤楼送孟浩然之广陵》：

> 故人西辞黄鹤楼，烟花三月下扬州。
> 孤帆远影碧空尽，唯见长江天际流。

这不同于一般的送别诗篇，其间渗透的不是离别的伤感，也不是对友人即将离去的担忧，而是盛世繁华中一次意犹未尽的告别。读这样的诗，人生的境界似乎也舒展开来。当时，二十八岁的李白与四十岁的孟浩然在江夏（今湖北武昌）相会，又即将离别，他们离别在烟花三月、春意最浓的时节。从黄鹤楼扬帆前往扬州，沿途繁花似锦，春色盎然，而扬州又是多么繁华富足的盛唐都市啊！既然如此，又为什么要悲伤呢？这是幸福的离别、快乐的离别。黄鹤楼历来是文人墨客抒发情怀的佳处，黄鹤楼的离别自然充满了丰富的想象。扬州，一个新的欣喜、新的希望、新的生活！黄鹤楼本来已经足够浪漫，谁又知道烟花迷漫、美女翩翩的扬州是怎样的景象呢？

李白将孟浩然送上船，目送帆船渐渐远去，不知过了多久，他仍站在那里极目远眺。忽然间，才意识到那一叶扁舟早已消失在江天交汇之处，眼前只有浩浩荡荡的长江水向天际流去。这江水蕴含着的是诗人澎湃的心情，也是诗人追随友人的感情。

十多年后，李白与孟浩然又一次相会，这时的孟浩然已经五十多岁，李白也已经三十五岁左右。李白有《赠孟浩然》一诗，记录了他们的会面：

吾爱孟夫子，风流天下闻。
红颜弃轩冕，白首卧松云。
醉月频中圣，迷花不事君。
高山安可仰，徒此揖清芬。

“吾爱孟夫子，风流天下闻”，这就是李白仰慕孟浩然的原因；“红颜弃轩冕，白首卧松云”，这就是李白心目中风流倜傥的隐士风度。李白欣赏孟浩然那潇洒的风度和超凡的文学才华，欣赏他不染世俗、犹如青松、白云一般的飘逸风采。在李白看来，孟浩然如同一座不可仰望的高山，自己只有恭敬地揖拜他那高洁的品质了。李白的个性本来极为狂傲，他为什么会对孟浩然如此的景仰？孟浩然的“风流天下闻”都有哪些具体表现呢？

《新唐书·孟浩然传》《唐才子传》记载，孟浩然“少好节义，喜振人患难”，在京师游学赋诗，满座叹服，无人可与媲美。据说孟浩然曾在王维私邸谈论诗文，正巧唐玄宗前来拜访王维，浩然藏匿床下，王维只好据实告知唐玄宗。唐玄宗早就听闻浩然诗名甚著，让他出示新作，孟浩然随口吟道：“不才明主弃，多病故人疏。”（《归终南山》）意思是，我这个人没有才华，所以遭到当今圣上的弃置；我这个人体弱多病，所以朋友们都疏远了我。唐玄宗听后很不高兴，说：“卿不求仕，而朕未尝弃卿，奈何诬我？”意思是：你自己不主动求仕，我也不曾抛弃你，为什么要将不能出仕的责任推倒我的身上呢？“因命放还南山”。看来他们的会面是不欢而散了。

襄州刺史韩朝宗喜欢奖掖后进，推荐贤才，许多文人都愿意结识他，希望得到他的推荐以获得政治机遇。李白曾说“生不用封万户侯，但愿一识韩荆州”，可见韩朝宗在文士当中的盛誉。韩朝宗非常欣赏孟浩然的才华。开元二十二年（734），他与孟浩然相约同赴京师，预备寻机向朝廷推荐浩然。不想孟浩然那天正与老朋友饮酒，朋友提醒他：“君与韩公有期。”不料浩然竟然呵斥朋友：“业已饮，遑恤他！”饮酒正值酣畅之时，哪里还顾得上什么约会？他最终没有如约与韩朝宗同赴京师。“朝宗怒，辞行，浩然不悔也”，一次宝贵的政治机遇就这样淹没在美酒当中，而孟浩然居然也不后悔。

这些个性鲜明的故事也许与真实的历史颇有些出入，却准确地表现出孟浩然“风流天下闻”的一面，那就是：才华横溢、诗文卓著、好尚气节、耿介直言、率性而为、个性洒脱。这种风流的气度一直到他生命的终点都不曾改变。开元二十八年（740），王昌龄游襄阳，特来造访这位著名的孟夫子，当时正值孟浩然背患疽病，即将痊愈。两人见面后非常高兴，“相见甚欢，浪情宴谑，食鲜疾动而终”（《唐才子传》卷 2）。在酒宴上开怀畅饮，吃了不少时鲜的大鱼大肉，结果导致病情复发，不幸去世，时年仅五十二岁。

也许，正是孟浩然这自由自在、任性而为、率性而动的生活方式、精神状态深深地吸引着李白，这也是李白最为向往的生活方式、人生态度，也是盛唐文人追慕的一种个性、性格。所以，李白跟孟浩然之所以能够成为忘年交，李白之所以无比仰慕孟浩然，主要是因为他们的行为方式、精神追求、思想个性有许多共通之处，他们两个人都是盛唐时代广大士人追求自由人格、自由精神的典型象征。

三、诗家夫子王江宁

孟浩然与王昌龄交往甚密，因为这一层关系，李白跟王昌龄的交往也很密切。

王昌龄，字少伯，生于武后天授元年（690），比李白大十一岁。他擅长七绝，被誉为“七绝圣手”。他的边塞诗气势雄浑、格调高昂，如《出塞》:“秦时明月汉时关，万里长征人未还。但使龙城飞将在，不教胡马度阴山。”感情深沉，纵横古今，被誉为唐人七绝的压卷之作。他曾在江宁（即今江苏南京）担任江宁丞，所以后人称他为“王江宁”；因为杰出的诗歌才华，他也被后人称为“诗家夫子王江宁”。

王昌龄的生平资料流传下来的很少。他虽然有极高的诗才，但人生经历却很坎坷。《旧唐书》本传说他恃才自负，“不护细行，屡见贬斥”，意思是说他不拘小节、我行我素，导致谤议沸腾，因此先后两次被贬偏远荒凉之地。王昌龄认为自己无辜获罪，因此对朋友说:“洛阳亲友如相问，一片冰心在玉壶。”（《芙蓉楼送辛渐》）表白自己冰清玉洁、光明磊落的人格。像王昌龄这样率性刚直之人，本该忘情俗世之外，过逍遥自在的生活，然而同盛唐所有有才华的诗人一样，他也胸怀兼济天下的政治理想，希望凭借过人的才华跻身仕途。但是他自己的性格及行为方式又与官场的游戏规则相悖，因此必然会招致官场的排挤打压。这样人生遭际，与李白显然有着某种相似之处。

唐玄宗天宝十二载（753）前后，王昌龄因遭人谤毁，被贬为龙标（今湖南黔阳）县尉。李白听说后，颇为同情，写下《闻王昌龄左迁龙标遥有此寄》这首送别诗，寄予深切的关怀：

杨花落尽子规啼，闻道龙标过五溪。
我寄愁心与明月，随风直到夜郎西。

与《送孟浩然之广陵》完全不同，这首诗笼罩着一层淡淡的愁雾。诗中先写景并点明暮春时节，选取漂泊无定的杨花，借以影射友人在贬谪途中的漂泊与惆怅处境，悲痛之情自然流溢。李白为友人感到不平，却又无法言说，只能把自己对友人的理解与同情寄予原本无情的明月，希望能一直追随在友人的身边。“我寄愁心与明月，随风直到夜郎西”，这两句诗在动人的意境中流露着动人的友情。月亮在这里充满了生命力，传达着李白对友人的理解、对友人的尊重、对友人被贬命运的同情。

也许，有人已经注意到，李白在与孟浩然、王昌龄、贺知章等这样一流的大诗人交往中，往往迸发出激情与灵感的火花，创作出流传千古的名作。显然，杰出的文学作品往往都是在特殊创作情境的激发下产生的。与情趣相投、水平相当的文学挚友密切交流、相处，无疑也是激发创作优秀作品的催化剂。李白的《送孟浩然之广陵》《赠孟浩然》《闻王昌龄左迁龙标遥有此寄》《留别贾舍人至》等作品，都是在这种情境下创作的。

据唐人史料笔记《集异记》记载，唐玄宗开元年间，王昌龄曾与另两位诗人高适、王之涣相约共赴旗亭饮酒。期间有梨园歌伎伶人来旗亭会宴，他们三人避在一旁观看。过了一会儿，诸位歌伎开始演唱当代流传甚广的诗作，王昌龄三人暗暗约定：“我们几人都擅长赋诗，平时难分高下，今天可在此悄悄观赏诸位歌伎唱诗，谁的诗作唱得次数多，谁就算是第一诗人！”这时，一位歌伎手打节拍，缓缓唱道：“寒雨连江夜入吴，平明送客楚山孤。洛阳亲友如相问，一片冰心在玉壶。”这是王昌龄的《芙蓉楼送辛渐》，昌龄立刻在墙壁上作个标志，得意地说：“我的一首绝句。”紧接着，一位歌伎唱道：“开箧泪沾臆，见君前日书。夜台何寂寞，犹是子云居。”这是高适的《哭单父梁九少府》，高适赶忙在墙上作个标志，说：“我也一首绝句。”不一会儿，又一位歌伎唱道：“奉帚平明金殿开，强将团扇共徘徊。玉颜不及寒鸦色，犹带昭阳日影来。”这是昌龄的《长信怨》，昌龄无不得意地在墙上再作标志，说：“我的第二首绝句。”

王之涣原以为自己盛名已久，不想半天没有一个人唱自己的诗作，愤愤不平地说：“这些人都是穷困潦倒的乐人，唱得都是些下里巴人的滥词俚曲。”他指着歌伎中最漂亮的一位说：“如果这一位不唱我的诗作，从此我再也不作诗、再也不与你们二位争诗名了！如果她唱我的诗作，那你们俩就得拜我为师啊！”过了好一会儿，这位最漂亮的歌伎开口唱道：“黄河远上白云间，一片孤城万仞山。羌笛何须怨杨柳，春风不度玉门关。”王之涣好不得意，嘲笑王昌龄、高适说：“你们两个乡巴佬，看看我没有乱讲吧？”三人不由得放声大笑。

这个故事流传甚广，叫作“旗亭听唱”，它反映了文人诗歌在民间广泛流传的程度。李白就处于这样一个环境中，诗歌创作被社会广为接受，时常打交道的都是这些极有天赋、极有热情、极有创作灵感、每天都被新鲜的生活所感动的诗人。尽管李白是这所有诗人中最杰出的一个，可是他如果天天闭门造车，不去与这些诗友交流思想、碰撞诗情，他也写不出“黄河之水天上来”，写不出“天生我材必有用”。所以，伟大的诗人是由伟大的时代与伟大的群体共同酿造出来的。

盛唐杰出诗人的相互交流、切磋，对于盛唐诗歌的发生、发展具有很重要的意义。这批诗人的身上，普遍具有盛唐文化朝气蓬勃的气质，又具有鲜明独特的个性风采。面对政治、面对生活、面对艰难险阻，他们都表现出真的性情、真的爱憎、真的好恶。正是在这种真实、真诚、真率地交流、碰撞中，杰出的才情才在一篇篇交相辉映的诗作中放射出夺目的光辉，成就了中国文学史一段璀璨的星河。

四、小人张垍

作为一位天才的大诗人，李白与文人墨客的交往自然比较密切，而一心想在政坛上有所作为的他，与政治人物的交往同样也很密切。这些人物当中，有人的确给李白提供了切实的帮助，但也有人不仅不帮助李白，反而给他下绊子。这方面有位代表性的人物，他就是张垍。此人有多重身份，他既是当朝宰相张说的公子，又是当朝皇帝唐玄宗的女婿，还是唐玄宗宠信的翰林学士。

我们曾在第二章中提到，李白第一次进长安时，为了寻找入仕的机会，曾拜访张垍，希望通过他见到玉真公主。然而这位张垍似乎并没有帮助李白，而是将他一个人甩在终南山玉真公主别馆中苦苦等待，李白写下《玉真公主别馆苦雨赠卫尉张卿》二首，表达了自己愁苦的心情，但他最终也未能如愿见到玉真公主。这当然与张垍的品德有很大关系。

张垍身居高位，身份特殊，但他的政治品德值得怀疑。比如，唐玄宗对宰相李希烈不满，想撤掉李的职务，征询张垍的意见，请他推荐合适人选。张垍不知该如何回答，唐玄宗说："无易吾爱婿矣。"（《新唐书·张说传》）意思是除了我女婿，没有人更合适啊！张垍听了这话非常高兴，立刻磕头谢恩。后来因为杨国忠从中作梗，张垍未能登上宰相之位，他一直对此耿耿于怀。安禄山一直很想担任宰相职务，唐玄宗认为他不认几个字，让他做宰相会遭天下人耻笑。谁知张垍为讨好安禄山，竟将唐玄宗的想法告诉了安禄山，这当然是非常重要的政治机密，玄宗得知真相后异常震怒，将张垍兄弟三人贬斥偏郡。

"安史之乱"爆发后，长安危急，唐玄宗携近密心腹大臣西逃。据《新唐书·张说传》记载，逃命途中，唐玄宗曾问高力士有哪些大臣会跟随而来？高力士认为张垍兄弟世以恩戚显贵，必然前来追随。房琯久有宰相之望，而唐玄宗却久不任用，安禄山又特别器重房琯，所以他肯定不会前来追随。对高力士的判断，唐玄宗很不以为然。

结果没过多久，房琯骑马满头大汗地赶来，唐玄宗问他："均、垍安在？”张均、张垍兄弟俩在哪儿呢？房琯回答说，刚才自己策马从张府门前路过，招呼张氏兄弟一同前来，张均回答说：“马不善驰，后当继行。”等他们选好良马再赶路。房琯说：“然臣观之，恐不能从陛下矣。”看来张均的回答不过是一句托词，他们是不会来追随皇上了。唐玄宗听罢房琯的一番话，嗟怅不已，非常伤心。他对高力士说：“吾岂欲诬人哉？均等自谓才器亡双，恨不大用，吾向欲始全之，今非若所料也。”意思是我可没有诬蔑人啊！这两兄弟总说自己“才器”双全，恨我不能大用他们。我非常清楚他们兄弟几人的弱点，不过是想保全他们的名节、性命，今天看来果然印证了我的判断。最后，张氏兄弟果然没有追随唐玄宗，转而投靠了叛将安禄山，张均在“安史之乱”平定后被杀，张垍则被流放，都落得个可耻可悲的下场。

由此可见，张垍确实是一个缺乏政治道德的人，这样的人又怎么会好心好意的帮助李白呢？

李白第一次入长安求仕，张垍不帮助他也就算了，谁知当李白第二次进入长安供奉翰林的时候，张垍还在唐玄宗面前讲了他不少的坏话。我们曾在第三章中谈到，李白供奉翰林期间，高力士、杨玉环、李林甫并不曾对他进行政治迫害，但这并不意味着没有遭到小人的谗毁、诽谤。在《答高山人》一诗中，李白曾抱怨小人“谗惑英主心，恩疏佞臣计”，在《为宋中丞自荐表》中也说：“为贱臣诈诡，遂放归山。”

那么，这个谗惑英主的佞臣、贱臣究竟是谁呢？

李白的崇拜者魏颢点出了这人的姓名，就是张垍：“许（李白）中书舍人，以张垍谗逐，游海岱间。”（《李翰林集序》）唐玄宗本来想要任命李白为中书舍人，但是听信了张垍的谗言，终于作罢。参照张垍此人一贯的政治表现，的确有足够的资格扮演这不光彩的进谗者角色。也许，张垍手中就握有进谗言的证据，比如李白写的那首《翰林读书言怀呈集贤诸学士》:“青蝇易相点，白雪难同调。本是疏散人，屡贻褊促诮。云天属清朗，林壑忆游眺。”像我这样不同流俗的人当然最容易遭到小人的诽谤讥谗，我的个性就是这样狂放疏散、喜好自由自在的生活，却屡屡遭到奸佞之人的讥讽嘲笑。大自然是多么的美好、清朗，让我时常想起在山林谷壑间畅游眺望的时光！作为呈给集贤院各位学士的诗作，身为翰林学士的张垍想必也收到一份。李白虽然仅仅只是一位翰林供奉，并非翰林学士，但是这位才气横溢、桀骜不驯的翰林供奉，可能早就有在意无意中得罪了驸马爷张垍，招致了他的嫉恨。张垍极有可能将这首诗或者类似的作品呈给了唐玄宗，像这样大发牢骚的文字，唐玄宗看到之后心里当然不舒服、不满意。即便张垍并没有以诗为证向唐玄宗进李白的谗言，也会有其他的手段，魏颢的说法肯定不是空穴来风。因为告密、进谗言本来就是猥琐小人擅长的本领，是他们向上爬的天然本能，至于有没有确凿证据根本就不重要。

五、恩人宋之悌、宋若思父子

李白在政治上虽然屡屡受挫，但每逢他陷入绝境之际，总有贵人相助。唐肃宗至德元载（756）十二月，李白因为加入永王李璘幕府被投入浔阳监狱，他四处写信求援，施手救援者却寥寥无几。就在他叫天天不应、叫地地不灵的时候，有一个人却伸出了宝贵的援助之手，将李白营救出狱。这个人就是御史中丞宋若思。宋若思不仅负责审理李白的案子，出力营救他出狱，而且在李白出狱后还将他留在府中做幕僚。两个月后居然还向朝廷举荐李白，这才有李白代宋若思起草的那篇著名的《为宋中丞自荐表》。

宋若思为什么如此不遗余力地营救乃至举荐李白呢？

学术界的研究给我们提供了宝贵的答案。原来李白曾经与宋若思的父亲宋之悌有过深入的交往。宋之悌何许人也？他的兄长就是武则天时期著名的诗人宋之问。宋之问曾深受武则天及张易之兄弟的信任，唐玄宗即位之后，将宋之问贬至泷州（今广东罗定附近）。宋之问从泷州逃归家乡，途中经过襄阳汉水，写下《渡汉江》一诗："岭外音书断，经冬复历春。近乡情更怯，不敢问来人。"越接近家乡心里越紧张。这首诗表达出长期客居异乡、久无家乡消息人们的普遍心理感受，宋之问将这种特殊且矛盾的心理感受表达得真切且耐人寻味。"近乡情更怯，不敢问来人"也成为千古名句，逼真地概括了久离家乡回归时的强烈期盼与惴惴不安。宋之问不仅有名作传世，而且对唐代五言律诗体式的定型也有重大的贡献。

他的这位弟弟宋之悌则不同，他曾多次担任重要军、政要职，比如益州长史，大体相当于成都市行政副首长；比如剑南节度使，大体相当于四川中部最高军政首长；比如河东节度使兼太原尹，大体相当于山西北部最高军政首长兼太原市最高行政首长。

开元二十二年（734）前后，李白三十四岁左右，在江夏一带漫游，寻找政治出路。也就是在这期间，宋之悌因获罪被贬朱鸢（唐安南都督府交趾郡，今越南河内附近），途径江夏，与李白相遇相识。李白有感于宋之悌的不幸遭遇，作《江夏别宋之悌》一诗：

> 楚水清若空，遥将碧海通。
> 人分千里外，兴在一杯中。
> 谷鸟吟晴日，江猿啸晚风。
> 平生不下泪，于此泣无穷。

楚水指江夏，碧海自然就是朱鸢了。我们就要分别了，从此将相隔千里，最后再饮下一杯酒吧，所有的情谊和珍重都在酒中了。且听山谷中的鸟儿在愉快地歌唱，天气晴朗，晚风送来江岸的猿啸。我平生并不轻易落泪，此时也止不住泪如雨下。诗人是这样的重情谊，这样的动感情，他既是在为友人的遭遇而落泪，也是在为自己坎坷的命运落泪。

说起来真是世事轮回，造化弄人，想当年，年轻的李白为宋之悌的悲惨遭遇而洒下同情的泪水；十几年后，晚年的李白却在宋之悌儿子宋若思的帮助下脱离囹圄之苦。限于资料的短缺，我们无法详尽的了解李白与宋之悌之间的友情到底有多深，他们到底有过哪些更为细致的交往情事。但可以确定，宋若思对李白的同情、搭救乃至推荐，绝对和他父亲与李白的交往有密切关系。由此可以推断，李白与宋之悌交往之近、情谊之切、相知之深。宋若思的援救非同寻常，要知道，李白当时所犯的可是谋逆之罪——“世人皆欲杀”啊！绝境中的李白终于获得了自由，这是对国家、对朋友怀有赤子之心的诗人在不幸中的万幸，也是他真诚心灵所应得的回报吧！

六、各色小人物

李白除了与政坛、文坛上的著名人士交往之外，也与一些名不见经传的小人物有很密切亲切的交往。这似乎很令人费解，这样一个狂放不羁、有时连皇上都不放在眼里的大诗人，怎么会与普通老百姓有很深入的交往呢？

李白曾在安徽泾县桃花潭村住过一段时间，村里有个叫汪伦的村民善于酿造美酒，常常用美酒招待李白。在离开桃花潭村时，李白止不住写下深切致谢的诗《赠汪伦》：

李白乘舟将欲行，忽闻岸上踏歌声。
桃花潭水深千尺，不及汪伦送我情。

这首诗体现了李白与村民汪伦之间深厚友情。前两句说自己即将乘舟启程，却听到汪伦踏歌而来的声音，这是一幅多么别具特色的送别场面！后两句先写千尺深的桃花潭水，继而笔锋一转，点明纵使千尺之深，还不如汪伦给予诗人的情谊，让人觉得这种深情美不胜收、可悟不可言。这是一首最简单、最纯朴、最直率的送别诗，语言通俗、浅显，既适合乡民口味，又切合质朴民情，可以说简单到了极点，妇孺皆知。但这样的诗，却在国人的口中和心里广泛流传了上千年。人们所珍视的当然不仅仅是诗歌本身，更是诗中所蕴含的真挚感情，是李白与广大民众之间的深情厚谊。据有的研究者说，一直到宋代，汪伦的后人还保存着这首诗的真迹。

李白曾在安徽铜陵漫游，晚间投宿在荀姓老太太家中，受到了这位农妇的热情招待，令李白深深感动，他说：

我宿五松下，寂寥无所欢。
田家秋作苦，邻女夜舂寒。
跪进雕胡饭，月光明素盘。
令人惭漂母，三谢不能餐。（《宿五松山下荀媪家》）

本来秋天是丰收的季节，是值得庆贺的时节，但李白却亲眼看到了农民的艰辛。在繁重赋税的压迫下，农家哪里有一点欢笑呢？深夜，传来邻家农妇熬夜舂米的声音，无比地凄凉。这年迈的老妇人，靠洗衣维持生计，但看到远道而来的客人，还是极为热情，特意为李白准备了菰米饭，恭恭敬敬地端给他。老人的举动深深地打动了我们的诗人。眼前这碗菰米饭，耳旁传来的舂米声，老人家的满心热情，心里想到农民年年辛苦劳作还不都是为了这一碗饭！他实在是吃不下去了，说“令人惭漂母，三谢不能餐”，怎样也不能报答老人的深情厚谊！“漂母”这个称呼出自《史记·淮阴侯列传》，讲述韩信年轻时很贫穷，在淮阴城下钓鱼，一个洗衣服的老太太见他饥饿，便拿饭给他吃。韩信被封为楚王后，送给漂母许多钱财以示感谢。

这首诗给我们展现了李白的另一面人生形象。李白是那么自信、那么狂傲，他平交王侯，傲视权贵，所以才能大胆喊出“安能摧眉折腰事权贵，使我不得开心颜”！然而这样一个时代的骄子、狂人，面对一碗平平常常的雕胡饭、菰米饭，面对老妇人一个小小的“跪进”举动，却止不住满心的歉疚，满怀的长久感激。这正是李白的可爱之处，也是他令后人倍感亲切、反复咏叹的有情有义之处！

李白曾在池州秋浦（今安徽贵池）漫游，此地出产铜矿与银矿。李白亲眼目睹了冶炼铜矿的奇特景象，止不住开始描写这些强壮豪爽的冶炼工匠：

> 炉火照天地，红星乱紫烟。
> 赧郎明月夜，歌曲动寒川。（《秋浦歌十七首》）

在他的笔下，这些身份低微的工匠们个个精神百倍，意气风发！红红的炉火照耀着他们的脸庞，敲击金属冒出的火星在升腾的烟雾中熠熠生辉。他们一边辛勤地劳作，一边大声歌唱劳动号子，豪迈的歌声在月夜里如此嘹亮，仿佛将寒冷的江面都震荡起来，这不正是一首典型的劳动者之歌吗？

李白一生好酒，与不少酿酒老板关系都很好。宣城有一位纪姓老者善于酿酒，与李白非常友善。老人去世后，李白写了一首《哭宣城善酿纪叟》纪念他：

> 纪叟黄泉里，还应酿老春。
> 夜台无李白，沽酒与何人？

这首诗包含着无限的温情。纪叟虽然已经去世，但李白相信他依然能在黄泉之下继续酿造美酒，这样说来似乎死不足悲。不过，李白又开玩笑似的说，黄泉之下如果没有我李白，你酿的那些酒又能卖给谁呢？所以李白哭的并不是老人去世，也不是世无老春酒，而是他与老人之间那种默契于酒的深厚友谊、痛失知己的悲伤。

通过对李白交游的简单梳理我们发现，李白交往的人物很丰富，其个性、地位、性格都呈现出多元化的特点。李白能够与皇帝打交道，与王侯将相打交道，与文人墨客打交道，与形形色色的政客打交道，也可以与日常生活中的小人物打交道。李白的伟大之处在于，他一方面可以平交王侯，傲视权贵，另一方面却对生活中的小人物充满了朴实、真挚的感情；他在权贵面前狂傲不驯，保持自己的傲岸人格与独立个性，但在平民面前却始终毕恭毕敬，以礼相待。对那些递给他一碗饭、一杯酒的贫寒朴实百姓，对那些为他送行的村民，李白始终怀着深深的感念之情，只有这种最为善良、质朴的情感，才能真正触动李白的思想情感，促使他写出深厚而质朴的传世之作。正是在这些作品中，大诗人才传达出他对世间真善美最本质的理解。

多元化的交往、交游，造就了李白多元化的情感世界，加之李白天才的艺术创造力，善于将这丰富的情感对象融汇在诗中，融会在他诗歌创作的海洋当中，从而也成就了他诗歌艺术的情感海洋。所以说，伟大的诗人不仅需要以天才的方式来创作诗歌，更需要以天才的方式来融入生活、理解生活、升华生活。

第九章 经济来源

李白二十四岁离开家乡，一生漫游四方，足迹遍及大江南北、黄河上下，走了数不清的地方，经历了数不清的磨难坎坷，最后在安徽当涂去世。这样的漫游生活，需要较雄厚的经济基础，而李白一辈子不过一介布衣，从未做过官，没有官俸收入，他又是个出手慷慨大方的人。在他看来，“黄金逐手快意尽”，“千金散尽还复来”。他自称，在扬州不到一年就“散金三十余万”，我们禁不住要问，支撑李白漫游天下的经济基础到底是什么？李白的经济收入从哪儿来？他到底有多少钱呢？

一、李白的经济来源在哪里?

李白一生从未担任过任何官职，用现在的话说，他不是国家的正式在编干部，不是公务员，没有稳定的薪水来源。他也不像现在作家协会里的专业签约作家，有比较稳定的创作收入；以李白的个性来判断，他经商的可能性也很小，即便经商，成功的可能性也不大。那么，究竟是什么经济来源在支撑着李白漫游天下呢？这真是一个非常有趣的问题，对李白来说却是一个非常现实的问题。

那么，李白的家庭是否非常富庶？是否有人一直暗中资助着李白的生活？李白是否还有其他的收入来源？历来人们都有这样的疑问。

有人认为李白诗中常常写到炼丹，比如："炼丹费火石，采药穷山川"（《留别广陵诸公》）、"闭剑琉璃匣，炼丹紫翠房"（《留别曹南群官之江南》），而冶炼丹药所需的汞、铅均属于较贵重的有色金属，所以他可能从冶炼行业中牟取商业利益。李白曾经到过秋浦（今安徽贵池），作《秋浦歌》，描写当地工匠冶炼铜矿的景象："炉火照天地，红星乱紫烟。赧郎明月夜，歌曲动寒川。"因此有人就推测，李白可能从事铜、银的冶炼与贩卖生意，从而致富。李白的故乡在今四川江油，属于绵州地区，而绵州自古出产铁矿、盐矿，所以有人推测李白的父亲李客或者他的家族可能从事盐、铁买卖，并由此致富。

还有人认为，李白漫游的许多地方都属于经济发达城市，比如长安、洛阳、东鲁、金陵、江陵、扬州、会稽等地，所以李白很有可能在这些城市从事相关的商业活动。李白说自己“混游渔商，隐不绝俗”（《与贾少公书》），“青云豪士，散在商钓”（《金陵与诸贤送权十一序》），认为这就是李白从商的证据。

这些说法貌似有理，其实都比较牵强。说李白的父亲或家族从商，的确有一定的道理，因为从李白年轻时漫游各地的情形来看，他出手确实非常阔绰，这阔绰的来源与基础，应该是他父亲或家族长辈提供的。但是，如果非要具体说他父亲就是在绵州从事盐、铁贩卖生意，就不免过于主观臆测了。首先，在古代社会，盐、铁属于国家统购统销的专卖物资，不允许私人买卖，有人就说李白的父亲及其家族可能靠走私盐、铁致富，这是极其荒诞的。其次，即便绵州地区出产盐、铁，李白出川时携带巨款，何以见得这笔钱就一定是贩卖盐、铁所得呢？根据李白年轻时期所拥有的钱财状况大体可以推测出，李白的父亲及其家族在中亚地区，后来又在蜀中从事过某种商业活动，正是这些商业活动，为李白早期的漫游活动提供了经济基础。

至于说从炼丹中牟取利益，就更牵强了。中国古代许多炼丹家对于提高有色金属的冶炼技术的确有贡献。比如在冶炼汞、铅等丹药成分的同时，提高了冶炼技术本身。但是炼丹的根本目的在于长生不老，不是发展冶炼技术，更不是冶炼、贩卖有色金属。对李白来说，他炼丹的主要目的，也是想长生不老、实现羽化升仙，并不是要借助炼丹或者冶炼金属赚取钱财，自然更不可能因此致富了。

至于说到“混游渔商，隐不绝俗”“青云豪士，散在商钓”，实际上是断章取义，没有联系上下文来领会李白的本来意思。在“混游渔商，隐不绝俗”前面还有两句话是“白不树矫抗之迹，耻振玄邈之风”，后面还有两句话是“岂徒贩卖云壑，要射虚名……”通读前后文可知：我李白不故作不寻常的举止，耻于假冒清高的姿态。我终日与渔夫、商贾为伴，虽然隐居乡野，但从不与世隔绝，难道我是那种借助隐居抬高身价、邀取虚名的人吗？可见，李白的本意就是想表明自己不是沽名钓誉之人，而是一个老百姓中普普通通的人，这是他“混迹渔商”的根本含义。“青云豪士，散在商钓”也是如此，这两句之后还有一句是：“四座明哲，皆清朝旅人。”联系起来的意思就是：那些个性狂放、豪爽的隐士，难以施展自己的抱负，不得不散居在商贾、贩夫走卒当中，在座的有识之士，不都是奔波在宦游路途中的旅人吗？显然，李白的本意并不是说自己就是商人或者从事商业活动，而是强调青云豪士不得不与商钓为伴。

李白一生的确漫游过许多经济繁荣的大城市，但问题在于，李白去这些城市的主要目的并不在于发财，而在做官，是出于明确的政治目的。目前还没有任何证据显示，李白在长安、洛阳等地从事过商业活动。事实上，除非在这些城市的中心地区从事与政治有关的活动，李白个人更喜欢在这些大城市或周边的名胜古迹、自然山川中吟啸遨游。比如在四川江油时期，他就遍游周边的名山古刹；在湖北安陆期间，他与家人居住在小寿山、白兆山；在长安时期，他也曾数次游赏终南山；在东鲁期间，他虽然居住在任城，却常常去游赏泰山；至于在金陵、扬州、会稽等地，他更是在山水之间尽情畅游，很少将自己的足迹束缚在虽则繁华却不免拘束性情的城墙之中。李白曾说：“五岳寻仙不辞远，一生好入名山游。”（《庐山谣寄卢侍御虚舟》）的确，大都市不过是李白进身仕宦的目标，能够真正令他身心愉悦、精神焕发的还是城市边缘的名山大川、沟壑林泉。很难想象李白漫游都市的目的在于经商，这与他的性情人格、政治理想、生活理想存在很大的差距。

既然李白自己从未做过官，也不从商、经商，那么他的钱从哪里来呢？

有的研究者认为，李白的家族从事航运发财，这是李白主要的经济来源，证据就是李白的一首《万愤词投魏郎中》诗。这首诗是李白被系浔阳监狱时所作，其中有一句："兄九江兮弟三峡"。唐代长江航运业很发达，许多商人将四川的井盐运往两湖、江南地区，再转往内地，所以李白的这两个兄弟必然是做长途航运生意的。为什么呢？因为弟弟在长江上游三峡某处负责将巴蜀的产物运销到九江等吴、楚之地，再由吴、楚之地转运到中原腹地，或者由吴、楚运销货物到巴蜀。他们认为，唯有这样庞大的产业与经济后盾，方能支撑得起李白长期的漫游生活。

这种推测也实在过于牵强。原因很简单，也是没有联系《万愤词投魏郎中》这首诗的整体语境来理解"兄九江兮弟三峡"这句诗。为了说明问题，我们不妨节选《万愤词投魏郎中》与"兄九江兮弟三峡"相关的部分内容：

> 南冠君子，呼天而啼。
> 恋高堂而掩泣，泪血地而成泥。
> 狱户春而不草，独幽怨而沉迷。
> 兄九江兮弟三峡，悲羽化之难齐。
> 穆陵关北愁爱子，豫章天南隔老妻。
> 一门骨肉散百草，遇难不复相提携。

我遭遇了这样巨大的灾难，十分痛苦，不由得仰天悲啼。止不住想念故去的父母（一说指朝廷），泪水如血洒落泥土。我自己身陷囹圄在九江，兄弟你却远在三峡，怎能如飞仙一般化生羽翼轻易相聚？我的儿子伯禽还远在山东沂水，我的夫人还远在豫章（今江西南昌），一家人就这样骨肉离散，值此危难之际却不能相互照应。这一整段都在抒发自己蒙冤入狱的痛苦，表达对亲人的思念，根本没有任何涉及商业活动的内容。

况且李白的诗文中称兄道弟之处实在太多了，大凡同姓李氏的，李白总喜欢在诗文题目上表明叔侄、祖孙、兄弟的关系，比如从兄、从弟、族兄、族弟等，这其中多数指同姓的宗族兄弟，并不就是指同胞亲兄弟。对于那些相交、相知甚深的好朋友、老朋友，李白往往也称他们为异姓天伦，有时候甚至直接称他们为兄弟。

所以李白诗中所称的“兄”（一说“兄”是李白自己）“弟”，未必就是李白的同胞亲兄弟。退一步讲，即便这两位亲兄弟分别住在三峡、九江，而唐代长江航运也非常发达，何以见得他们就一定从事航运商业活动呢？再退一步讲，即便李白的这两位亲兄弟真的从事航运商业活动，又有什么证据证明他们的商业活动就一定与李白的漫游有直接关系呢？

要弄清楚李白的经济收入还真不大容易。既然这几种推测都不合理，那么合理的推测究竟是什么呢？李白这位赤手空拳走天下的浪漫诗人，他的日常经济生活的真相究竟如何呢？下面我们就来盘点一下李白“存折”上的存款吧。

二、李白有多少财富？

李白离开四川时肯定携带了一笔钱财，不然不会在扬州一年花掉三十余万钱。那么，这三十万钱在李白所处的时代是个什么概念呢？

唐朝人所使用的货币叫作“开元通宝”，它铸造于唐高祖武德年间。“开元”具有唐取代隋、改朝换代的意思。唐朝规定，十枚开元通宝重一两，一枚就是一钱。后来各个朝代铸造钱币，大都依据开元通宝的标准，而“钱”这个重量单位也就一直沿用至今。

开元通宝的成分中，80% 是铜，其余 20% 是铅和锡。由于成分比例合理，币值相对稳定，铸造工艺精良。唐朝灭亡后，开元通宝虽已不再发行，但一直与后代铸造的新钱混合使用，一直到明代后期才被禁止使用。

那么李白的三十万钱在开元年间具有多大的购买能力呢？据有关史料记载，唐玄宗开元天宝年间，一斗粮食的平均价格大体是二十至三十钱；一匹绢帛的平均价格大体是四百至五百钱；一斤猪肉的平均价格大体是六百钱左右；一斗盐的平均价格大体是十钱左右；一斗普通酒的价格大体是十钱左右，一斗上好的美酒价格大体是三十至四十钱左右，那些特别名贵罕见的佳酿也许价钱很高。但在普通市场上，即便是一斗名贵的酒也不大可能卖到上万钱。比如李白诗中所说的“金樽清酒斗十千”，或者王维所说的“新丰美酒斗十千”，这其中也许都有文学夸张的成分。此外，一名奴婢的平均价格大体在四万文左右；一匹马的平均价格大体在数千至数万钱之间。由此可见，在当时拥有三十万钱，起码应该算是中上生活水平，更何况这三十万钱不过是李白施舍给别人的，那么他自己也许拥有五六十万甚至更多的钱财。这样说来，年轻的李白当时拥有万贯家财，算是个富家子弟，若论行侠仗义，也算是个豪侠、巨侠了！

但是这样出手阔绰的生活持续的时间似乎并不很长。出川之后的两三年里，他沿江一路东下，先后漫游今湖北江陵、洞庭、江西庐山、江苏南京、扬州、浙江杭州、苏州、会稽、新昌等地，随后由东南“溟海”折返吴、楚。

此时他的生活似乎渐渐陷入窘境，情绪也非常低落，甚至染上了疾病：“吴会一浮云，飘如远行客。功业莫从就，岁光屡奔迫。良图俄弃捐，衰疾乃绵剧。”（《淮南卧病书怀寄蜀中赵征君蕤》）在后来的回忆中，这一段的生活的确有些落魄：“少年落魄楚汉间，风尘萧瑟多苦颜。”（《驾去温泉后赠杨山人》）“少年不得意，落魄无安居”（《赠从弟南平太守之遥二首》其一）。

唐玄宗开元十五年（727），李白在安陆娶许氏为妻，生活相对稳定下来，于是干谒当地官员，并曾西入长安寻求政治机遇。这一时期他的经济状况虽然有所好转，但也时常需要他人的救济：“而我竟何为？寒苦坐相仍。长风入短袂，内手如怀冰。故友不相恤，新知宁见矜？”（《赠新平少年》）李白漫游梁园的时候，也曾向侯十一诉苦：“余亦不火食，游梁同在陈。”（《送侯十一》）到了“安史之乱”前后，李白的手头更不宽裕，在给表外甥高镇的诗中，他说：“欲邀击筑悲歌饮，正值倾家无酒钱。”在《赠刘都使》中也说家里：“归家酒债多，门客粲成行。”总而言之，在成家以后，李白似乎再也没有那种“散金三十余万”的壮举了，其家庭经济状况虽然不至于落魄穷顿，但是要说非常富有以至于坐拥巨万，那确实与事实相距甚远。

其实，按照我们平常人的想法，不论是三十万还是五六十万钱，虽然算不上亿万巨富，也算是小家乍富，如果精心筹划，开源节流，也足够一家人过上殷实平静的生活。可李白的政治理想、生活理想都不寻常，他在政治上要一飞冲天、一鸣惊人，要作宰辅之臣，要作帝王之师；他的生活方式也要非同凡响、名动天下。他要实现这样的政治理想、生活理想，也要采取异乎寻常的途径与手段，这就决定了他的金钱消费观念也将是不同凡响的，那区区的几十万钱自然就不是什么了不起的数字了。

李白二十四岁出川，散金三十余万，等到二十七岁结婚的时候，已经是两手空空。他的父亲也许是一个商人，积累了一些财富，但李白显然只懂得消费而不懂得积累，更不用说经营了。这从他对待金钱的态度中可以看出来：“天生我材必有用，千金散尽还复来。”（《将进酒》）这是典型的浪漫主义、理想主义的理财情绪、理财理念。他说：“黄金逐手快意尽，昨日破产今朝贫。”（《醉后赠从甥高镇》）哪怕破产贫穷，只要用金钱能够换来那一刻的快意与兴奋，就值得！他又说：“五花马，千金裘，呼儿将出换美酒，与尔同销万古愁。”（《将进酒》）“解我紫绮裘，且换金陵酒”（《金陵江上遇蓬池隐者》）。可见，金钱对李白来说，只不过是一个符号，一个工具，与他随身携带的宝剑、宝马一样，是为自己所用的，并不是用来炫耀自己身份、价值的象征，更不是自己刻意追求的目标。所以李白从来都不可能做金钱的奴隶，他绝对是金钱的主人。

不过“千金散尽还复来”毕竟是诗人的主观想法，在现实生活中，千金散尽之后究竟能不能复来？或者说散尽的是千金，复来的究竟是一金还是百金？这就要看你有没有聚敛金钱的能力与时机了。问题在于，李白究竟有没有这样的能力呢？如果没有，那李白靠什么“复来”那散尽的千金呢？

三、李白的经济来源

李白的经济来源之一，在于撰写诗文所获润笔、稿酬以及实物馈赠。

唐代并没有官方规定的稿酬制度，但是不少读书人都因撰写诗文、碑铭、颂赞、墓志而获得报酬，这是当时社会上一种普遍的风气。我们可以举两个例子。《新唐书·皇甫湜传》记载：

> 皇甫湜，字持正，睦州新安人。……留守裴度辟为判官。度修福先寺，将立碑，求文于白居易。湜怒曰：“近舍湜而远取居易，请从此辞。”度谢之。湜即请斗酒，饮酣，援笔立就。度赠以车马、缯彩甚厚，湜大怒曰：“自吾为《顾况集序》，未常许人。今碑字三千，字三缣，何遇我薄邪？”度笑曰：“不羁之才也。”从而酬之。

唐穆宗长庆二年（822），裴度任东都洛阳留守（大体相当于洛阳市行政首长），皇甫湜是他的属官。裴度修福先寺，要给寺庙立碑，于是请远在长安的中书舍人白居易写篇碑文。皇甫湜知道后非常愤怒，抱怨裴度舍近求远，不请自己，反请白居易，要辞去官职。裴度连忙向他道歉，为他准备一斗美酒。皇甫湜喝得酒酣，提笔顷刻写成。裴度赠给他车马、绢帛。皇甫湜大怒，说：为什么要对我这么刻薄呢？自从给诗人顾况文集作序之后，我不曾轻易允诺为人写文章，如今为你写三千字的碑文，每个字至少得三匹上好的细绢作为酬劳。裴度并不与他计较，按照他的要求付给报酬。

这个故事是为了表现皇甫湜的狂傲不羁、裴度的宽容仁厚，但也说明三个问题：第一、当时邀请文人撰写相关诗文，约定俗成要支付一定的报酬；第二、皇甫湜过分提升稿酬诚属狂傲，但也说明润笔价格的高低是可以商量的。换句话说，这是一种市场行为；第三、裴度对皇甫湜的抱怨表示道歉，这固然表现了裴度的宽容，但也显示出知名文人的作品在市场中的影响力。

再比如，唐文宗大（太）和五年（831）七月，著名诗人、武昌军节都使元稹去世，他临终委托好友、河南尹白居易为其撰写墓志文。白居易撰成墓志文后，元稹的家人赠给白居易绢帛、舆马、银鞍、玉带等价值六七十万钱的财物作为酬劳。白居易说："予念平生分，文不当辞，贽不当纳。自秦抵洛，往返再三，讫不得已，回施兹寺。"（《修香山寺记》）以他与元稹多年的深厚交谊，撰写墓志文义不容辞，而撰文之酬劳则绝对不能收取。然而元稹家人多次从长安来洛阳，一定要他收下，不得已，白居易只好将这价值六七十万的财物统统施舍给洛阳香山寺，用以修葺庙宇。由此可见，六十岁的白居易在当时润笔市场的高昂身价。

李白的诗文之名在盛唐时代四海皆知，他现存的诗文中，就有不少应邀撰写的碑铭、颂赞、壁记之文及应景奉和之诗。李白在世的时候，诗文便散佚甚多。李白的仰慕者、同代人魏颢在《李翰林集序》中说："经乱离，白章句荡尽。上元末，颢于绛偶然得之，沉吟累年，一字不下。"李白去世后，他的族叔李阳冰在《唐李翰林草堂集序》中说："自中原有事，公避地八年，当时著述，十丧其九，今所存者，皆得之他人焉。"魏颢、李阳冰都曾受李白委托编辑诗文，与李白的关系非同寻常，他们的判断是可信的。李白现存诗文总数不足一千首（篇），以此推测，他平生所做诗文不会少于一万首（篇）。即使只有五六十首（篇）属于润笔之作，以白居易、皇甫湜报酬的一半来算，也是一笔相当可观的收入。

除了获取润笔之资，李白通过写作诗、文，还常常获得不少价值不菲的实物馈赠。比如良墨："上党碧松烟，夷陵丹砂末。兰麝凝珍墨，精光乃堪掇。……今日赠予兰亭去，兴来洒笔会稽山。"（《酬张司马赠墨》）

比如名贵的白鹇："请以双白璧，买君双白鹇。白鹇白如锦，白雪耻容颜。……我愿得此鸟，玩之坐碧山。胡公能辍赠，笼寄野人还。"（《赠黄山胡公求白鹇》）

比如裘皮大氅："粉图珍裘五云色，晔如晴天散彩虹。文章彪炳光陆离，应是素娥玉女之所为。轻如松花落金粉，浓似苔锦含碧滋。……故人赠我我不违，著令山水含清晖。顿惊谢康乐，诗兴生我衣。"（《酬殷明佐见赠五云裘歌》）

比如桃竹书筒："桃竹书筒绮绣文，良工巧妙称绝群。灵心圆映三江月，彩质叠成五色云。"（《酬宇文少府见赠桃竹书筒》

比如山水字画："百丈素崖裂，四山丹壁开。龙潭中喷射，昼夜生风雷。……闻君写真图，岛屿备萦回。……幽缄倘相传，何必向天台。"（《求崔山人百丈崖瀑布图》）

其他还有种种馈赠，数不胜数，如《答友人赠乌纱帽》《酬坊州王司马与阎正字对雪见赠》《酬张卿夜宿南陵见赠》《答从弟幼成过西园见赠》《酬裴侍御对雨感时见赠》《答杜秀才五松山见赠》等等。

李白的经济来源之二，在于他的婚姻以及朝廷馈赠。

李白一生经历了两次正式的婚姻。第一任夫人乃是唐高宗时期宰相许圉师的孙女许氏；第二任夫人乃是武后时期宰相宗楚客的孙女宗氏。这两次婚姻都采取李白入赘妻家的形式。许家、宗家虽然比不上巨富之家，但以宰相后人的家底，对李白的经济生活当然会有不小的支持。

唐玄宗天宝元年（741），李白接受诏命，进入长安成为皇帝身边的翰林供奉，这虽然不是一个正式的有品级的官职，在政治上也没有什么前途，但必定享受着非常丰裕的待遇。李白在长安的政治追求以失败告终，但经济上并没有蒙受什么损失，反而有所收获："白自知不为亲近所容……恳求还山，帝赐金放还。"（《新唐书·文艺列传中·李白传》）"天子知其不可留，乃赐金归之"（李阳冰《李翰林草堂集序》）。既然是唐玄宗赐给钱财，让他回家去做诗人，这笔钱自然不会太少。从李白的诗中，我们猜测他可能用这笔钱在东鲁地区购买了龟阴田：

吴地桑叶绿，吴蚕已三眠。
我家寄东鲁，谁种龟阴田？
春事已不及，江行复茫然。
……
裂素写远意，因之汶阳川。（《寄东鲁二稚子》）

而这田园的生活似乎也还非常惬意：

一身自潇洒，万物何嚣喧。
拙薄谢明时，栖闲归故园。
二季过旧壑，四邻驰华轩。

衣剑照松宇，宾徒光石门。（《答从弟幼成过西园见赠》）

此外，唐肃宗至德元载（756），永王李璘的使者韦子春到庐山请李白出山，参加永王李璘军队幕府，也赠给他一笔不小的聘金："徒赐五百金，弃之若浮烟。辞官不受赏，翻谪夜郎天。"（《经乱离后天恩流夜郎忆旧游书怀赠江夏韦太守良宰》）不管究竟真的是"弃之"还是视作"浮烟"了，我们猜测，以永王李璘的皇子身份，以李白在天宝末年的大名，以李璘拉拢李白入伙的政治用心，这五百金显然不可能是区区五百铜币，至少应该是五百银币甚至金币。如果真是如此，那可就不是一笔小数目了。对不得不避乱庐山的李白来说，这五百金当然不可能是他加入永王李璘幕府的理由，但对于身处战乱中的李白一家来说，它却未尝不是一笔可观的经济保障。

李白的经济来源之三，或者说他漫游生活的经济来源，还在于朋友们的资助。

李白有不少老朋友都有足够的条件，资助、款待李白的漫游生活。比如道士元丹丘，在河南南阳石门山、嵩山、颍阳附近均有山居、庄园。这些山居、庄园，往往成为李白漫游生活的重要依托之地。元丹丘曾数次邀请李白来自己的山居一同漫游、修身。这在李白的诗中有明确的记录：

元丹丘，爱神仙。朝饮颍川之清流，暮还嵩岑之紫烟，三十六峰长周旋。（《元丹丘歌》）

仙游渡颍水，访隐同元君。

……

留欢达永夜，清晓方言还。（《题元丹丘颍阳山居》）

闻君卧石门，宿昔契弥敦。

方从桂树隐，不羡桃花源。（《闻丹丘子于城北营石门幽居中有高凤遗迹仆离群……以寄之》）

寻幽无前期，乘兴不觉远。

……

丹丘遥相呼，顾我忽而哂。（《寻高凤石门山中元丹丘》）

家本紫云山，道风未沦落。

沉怀丹丘志，冲赏归寂寞。（《题嵩山逸人元丹丘山居》）

既然在朋友的山居、庄园中参禅悟道，那当然不用考虑衣食住行的花费，以至于李白考虑让妻子女儿也一起来过这样神仙般的生活："拙妻好乘鸾，娇女爱飞鹤。提携访神仙，从此炼金药。"（《题嵩山逸人元丹丘山居》）这当然是一句玩笑话，无非是说自己一家人都有虔诚的求仙之心，但也说明衣食之忧并不在李白的考虑之列。

李白还有一位好朋友元参军，他的父亲在并州（今山西太原）为将，在当地颇有势力，元参军曾邀请李白同游太原，在李白的记忆中，那是一次多么难忘的愉悦之旅啊：

行来北凉岁月深，感君贵义轻黄金。

琼杯绮食青玉案，使我醉饱无归心。

时时出向城西曲，晋祠流水如碧玉。

浮舟弄水箫鼓鸣，微波龙鳞莎草绿。

兴来携妓恣经过，其若杨花似雪何。

红妆欲醉宜斜日，百尺清潭写翠娥。

翠娥婵娟初月辉，美人更唱舞罗衣。

清风吹歌入空去，歌曲自绕行云飞。

此时行乐难再遇，西游因献《长杨赋》。（《忆旧游寄谯郡元参军》）

难怪诗人乐不思归，看来这位并州的元参军不仅仗义轻财，而且真心款待他。每日除了美酒佳肴，还有箫鼓曼舞相伴，加之红袖添香、美人如云、歌曲轻扬，当然顿生“行乐难再遇”的感慨。

唐玄宗时宰相崔日用的公子崔宗之，也是李白的好友。他曾专门写信邀请李白来自己的嵩山别业居住、游赏：“我家有别业，寄在嵩之阳。明月出高岑，清溪澄素光。云散窗户静，风吹松桂香。子若同斯游，千载不相忘。”（《赠李十二白》）

其实愿意为李白提供漫游之资或者某种生活便利的，不仅仅是这些有较高社会地位的所谓大人物。以李白在当时的巨大声望，有不少一般的所谓小人物也都非常渴望能够一睹李白的风采，他们虽然没有能力为李白提供巨大的经济资助，但也有自己表达仰慕的独特方式。

魏颢为了寻访李白“自嵩宋沿吴相访，数千里不遇…… 后于广陵相见”（李白《送王屋山人魏万还往王屋并序》）。并一起漫游金陵：“一长复一少，相看如弟兄。惕然意不尽，更逐西南去。同舟入秦淮，建业龙盘处。”（魏颢《金陵酬李翰林谪仙子》）任华崇拜李白，四处追寻他的行踪，失望之余，任华不由发出这样的感慨：“任生知有君，君也知有任生未？中间闻道在长安，及余戾止，君已江东访元丹，邂逅不得见君面。每常把酒，向东望良久。”（任华《杂言寄李白》）为什么在任华的心目中，李白这么具有吸引力？任华说得好，就是因为李白：“平生傲岸，其志常不可测，数十年为客，未尝一日低颜色。”（《杂言寄李白》）人们仰慕的，就是他这种傲视权贵、渴求自由的精神境界。

还有一位姓郑的博平太守，居然放下太守的架子，远道寻访李白一直追到江夏，方才如愿："多君重然诺，意气遥相托。五马入市门，金鞍照城郭。都忘虎竹贵，且与荷衣乐。"（李白《博平郑太守自庐山千里相寻入江夏北市门见访……立马赠别》）

更有趣的是，当时有一位名不见经传的中都小官，因为听说李白路过当地，他特意拎着琥珀色的美酒、汶水的紫锦鳞鱼，专门前来拜访李白。李白被这小吏的一片诚心所打动，他饮尽美酒，饱餐汶鱼，作诗相谢：

鲁酒若琥珀，汶鱼紫锦鳞。
山东豪吏有俊气，手携此物赠远人。
意气相倾两相顾，斗酒双鱼表情素。
双鳃呀呷鳍鬣张，跋刺银盘欲飞去。
呼儿拂几霜刃挥，红肌花落白雪霏。
为君下箸一餐饱，醉著金鞍上马归。（《酬中都小吏携斗酒双鱼于逆旅见赠》）

显然，一介区区小吏寻访李白不会有什么巨大的功利目的，不过是想表达一种淳朴、简单、真实的仰慕之情。李白也正是被魏颢及小吏们的热情、真情所打动，才写下这些情真意切的诗篇。正如刚才所说，这些小人物不大可能像元丹丘等朋友那样给李白提供相当可观的经济支持，他们也不可能成为李白漫游生活重要的经济收入来源，但是他们对李白的这种仰慕、向往，却足够说明李白在当时的崇高声望与地位。

事实上，李白不仅仅在他荣极一时时受到人们的推崇敬仰，即便在他沉沦下僚的时候，也依然备受大家的关心与敬慕。从李白的诗篇甚至只是诗题中可知，在他流放夜郎的前后，有很多朋友、官员为他送行：

> 而我谢明主，衔哀投夜郎。（《赠刘都使》）
>
> 万里南迁夜郎国，三年归及长风沙。（《江上赠窦长史》）
>
> 天地再新法令宽，夜郎迁客带霜寒。（《江夏赠韦南陵冰》）

还有《经乱离后天恩流夜郎忆旧游书怀赠江夏韦太守良宰》《流夜郎半道承恩放还，兼欣克复之美书怀示息秀才》《流夜郎至江夏，陪长史叔及薛明府宴兴德寺南阁》《张相公出镇荆州寻除太子詹事余时流夜郎……诗余答以此诗》《流夜郎永华寺，寄寻阳群官》《窜夜郎，于乌江留别宗十六璟》等等等等。

这哪里像是在为一个流放的朝廷钦犯送别？简直就是朋友们的又一次盛大的聚会，正是李白傲岸自信、飘然不群的精神境界，惊天地、泣鬼神的艺术天才将大家聚拢在一起。流放期间的李白非但谈不上什么政治价值，更谈不上什么经济收入，他所拥有的也只有一个天才诗人的自信、痛苦、牢骚、艺术，在朋友们真挚友情的关怀与感染下，诗人凭借着天才的艺术表现力，将盛唐时代士人群体欢乐、悲伤、喜悦、绝望、自信、沉沦的情感世界表现得淋漓尽致、无与伦比。这不正是人们仰慕、热爱李白最主要的原因吗？他是盛唐时代最伟大的歌手，他的歌声唱出了这伟大时代光明的理想与暂时的黑暗，唱出了一代人的时代心声。

我们不妨稍显夸张地说，李白之所以能够在当时赤手空拳、漫游天下而无衣食花销之忧，虽然不排除他本人具有一定的政治价值，被赐金放还后甚至还笼罩着一层炫目的政治光环，关键还在于他耿介清高的人格力量，清雄奔放的诗歌艺术，洒脱飘逸的精神风采吸

丁酉夏
康震

眾鳥高飛盡孤雲獨
去閒相看兩不厭只有
敬亭山

丁酉仲秋 康震

引着、牵引着不少读书人的目光、思想与境界，而伴随着所有这一切复杂过程的，就有必要的经济馈赠、酬劳以及补偿，这就构成李白经济收入的第三个来源。

正如前面所说的，在当时，李白的这些经济收入来源并不是特例，许多知名文人都有接受润笔、馈赠乃至漫游寄食的经历。杜甫就曾说："惟臣衣不盖体，常寄食于人，奔走不暇，只恐转死沟壑。"（《进雕赋表》）又说"倾者卖药都市，寄食友朋"（《进三大礼赋》）。当时有许多达官贵人、豪商巨贾也愿意资助文士，常常延请才名出众的文人到家中做客，而文人们也都喜欢出入贵戚、商贾之门，蔚为一时之风气。他们"投刺干谒，驰驱于要津，露才扬己，喧腾于当代"（《旧唐书·杨琯传》），他们"驱驰府市之门，出入王公之第，上启陈诗，惟希咳唾之泽；摩顶至足，冀荷提携之恩"（《旧唐书·薛登传》）。

这其中当然不乏欺世盗名、品德低下的人物，但总的来说，文人才士与豪商巨贾的密切联系，反映了盛唐皇朝重视才华、重视人才的社会风气。事实上，唐朝除科举之外，还开辟了多种有效途径延揽人才。唐高祖、武后、唐中宗、玄宗也都曾多次下达诏书，通过特别途径访求贤能之人。繁荣的社会经济基础，也为文人才士显露才华提供保障。据《新唐书·食货志》记载，玄宗时期，"海内富实，米斗之价钱十三，青、齐间斗才三钱，绢一匹钱二百。道路列肆，具酒食以待行人，店有驿驴，行千里不持尺兵"。国库充实，粮仓充盈，物价平稳，酒肆旅店齐备，驿站设施完备，社会治安稳定，这些对长途在外旅行漫游、寻求政治出路的士人们来说真是太重要了。这也充分说明盛唐社会就是一个经济繁荣、人民安居乐业、社会稳定的伟大时代。

李白曾不无骄傲地歌颂盛唐："一百四十年，国容何赫然。"（《古风》）杜甫曾深情地回忆："忆昔开元全盛日，小邑犹藏万家室。

稻米流脂粟米白，公私仓廪俱丰实。九州道路无豺虎，远行不劳吉日出。”（《忆昔》其二）正是在经济繁荣、政治开明、充满机遇的时代，士人们拥有最大限度的精神自由空间，所以他们稍不惬意，便会爆发出：“大道如青天，我独不得出”的冲天牢骚。然而这种牢骚、不满，也是盛世中的不满、牢骚，也是充满希望的不满、牢骚。这种不满与牢骚的情绪，恰恰表达出对前途、未来更大的希望，所以李白才一边说“人生得意须尽欢，莫使金樽空对月”，一边又说“天生我材必有用，千金散尽还复来”，归根结底，诗人对自己、对这个时代是充满了自信！

所以我们说，探讨李白的经济收入来源，并不仅仅是在探讨他的个人生存、生计、经济问题。李白经济收入来源的实质在于：一个社会如何看待知识、看待人才。透过李白的经济收入，可以窥见盛唐时代经济、社会、文化发展的整体面貌，李白就是这个整体面貌的典型象征。李白这样一个整天生活在理想、幻想甚至是自己主观想象中的诗人，虽然并没有多少稳定的收入来源，却依然能够在盛唐皇朝的疆域里往来驰驱，自由漫游，并不因经济窘困而使行动受到束缚，使理想与追求受到限制。这说明盛唐皇朝不仅拥有宽松开明的人才政策，还拥有与之相适应的社会经济保障体制。正是由于这些综合的因素，我们才会以一种相对轻松、从容甚至钦羡的心态来探讨李白的经济收入问题，在探讨的过程中，我们禁不住向李白、向那个伟大的时代，投去敬重、仰慕的目光。

第十章 流放与亡故

李白，这位中国诗歌史上的伟大诗人，命运却充满了坎坷。他一心想建功立业、报国救民，却因永王李璘事件遭受囹圄之苦。他几经周折，终于获得释放，并在御史中丞宋若思幕府担任幕僚。此时的李白真仿佛是浴火重生，他的政治前途似乎又要重现光明了，然而谁也想不到又一个新的人生磨难在等着他。

正当李白梦想着东山再起、大展宏图的时候，他万万没有想到，自己正面临着一个更大的厄运：他即将被流放到遥远荒僻的夜郎。这对于一个年届花甲的老人来说，简直就是最残酷的徒刑！那么命运之神还会再次给苦难中的李白带来好运吗？这位“烈士暮年”的老人还会再次激发壮志豪情吗？

一、秋后算账

唐朝收复了长安、洛阳以后，对所有投贼、陷贼为伪职的官员进行政治清算。当时定罪共分为六个等级：第一是弃市，就是斩首；第二是赐死；第三是重杖，就是打板子；接下来还有流放、贬官等等。许多投敌或陷贼的官员都受到了严厉的惩罚。如原河南尹达奚珣因在安史叛军中任侍中而被杀；原门下省侍郎陈希烈因任宰相而被赐死；唐玄宗的驸马、原翰林学士张垍因任宰相而被流放；他的兄长，原建安太守张均则因任中书令被杀；给事中、大诗人王维也因陷贼任给事中被贬官。

李白并没有投靠安禄山的叛军，但也遭到流放的惩罚。

原因在于他参加了永王李璘谋反的军队，是朝廷内部叛逆军队的一员，犯下了所谓“附逆”大罪，所以在唐肃宗乾元元年（758），被判处流放夜郎：“禄山之乱，玄宗幸蜀，在途以永王璘为江淮兵马都督、扬州节度大使，白在宣州谒见，遂辟为从事。永王谋乱，兵

败，白坐长流夜郎。”（《旧唐书·文苑列传下·李白传》）

从加入永王幕府到流放夜郎，前后不过一年多时间。李白原本希望借助宋若思等人的帮助能够东山再起，重新燃起理想的火焰，可流放夜郎好似当头一棒，从头被浇了一盆凉水，他的心情可以想象有多么痛苦、多么绝望、多么凄凉！唐肃宗至德二载（757）十二月初二，“上皇（唐玄宗）至自蜀。……赐文武官阶、勋、爵……民酺五日”（《新唐书·肃宗代宗本纪》）。其实就是让老百姓连续五天饮酒狂欢，庆祝玄宗返回长安。李白因为是被流放的罪犯，没有资格参加这狂欢的活动，在《流夜郎闻酺不预》中，他表达了落寞、酸楚的心情：“北阙圣人歌太康，南冠君子窜遐荒。汉酺闻奏钧天乐，愿得风吹到夜郎。”李白曾在一首诗中写道：“狂风吹我心，西挂咸阳树。”（《金乡送韦八至西京》）那时，他日日夜夜思念着长安，他的一颗思念之心要随着狂风直到咸阳（即长安），而现在，他却只能希望这民酺五日的欢快气息，能够伴随风云达到夜郎，感染那片荒僻之地，诗人此刻内心的痛苦真是可想而知。他不得不离开宋若思幕府治所武昌，去宿松（今安徽宿松）一带养病，平息一下那颗凉得差不多的火热报国之心。

二、流放夜郎

唐肃宗乾元元年（758）十二月前后，李白从宿松出发，开始他漫长艰苦的流放历程。在起程的一段路上，他的妻子宗氏与妻弟宗璟一直送他到乌江（即浔阳江）江畔。此时的李白已经年届花甲，杜甫说：“人生七十古来稀。”（《曲江二首》其二）在唐代那样的生活环境、生活条件下，能够活到七十岁似乎已经是高寿，那花甲之年自然也算是高龄了。老迈的李白此刻非但不能在家中享受天伦之乐，还要在坎坷的流放途中颠沛流离，回想妻子宗氏与自己聚少离多，如今一别不知还能不能相见，政治理想的实现眼看也将成为泡影，李白又如何能够按捺得住内心的无限悲伤？又如何不老泪纵横？他在诗中写道：

我非东床人，令姊忝齐眉。
浪迹未出世，空名动京师。
适遭云罗解，翻谪夜郎悲。
拙妻莫邪剑，及此二龙随。
惭君湍波苦，千里远从之。
白帝晓猿断，黄牛过客迟。
遥瞻明月峡，西去益相思。（《窜夜郎于乌江留别宗十六璟》）

面对家人，他满怀歉疚之情、不舍之情、相思之情，而面对朋友，他的烦恼、痛苦显然更为深沉，也更为苍凉："天地赌一掷，未能忘战争。试涉霸王略，将期轩冕荣。时命乃大谬，弃之海上行。"战争依然还在延续，朝廷还在动乱之中，他多么渴望能够协助君王平定天下，然而谁又能想到落得个放逐的下场！诗人的心中，装着的当然不仅仅是个人的不幸遭遇，更有天下苍生饱受的战争罹难："草木摇杀气，星辰无光彩。白骨成丘山，苍生竟何罪？"百姓之所以白骨成丘，不就是因为天子贵戚、王侯将相的逃窜、投降吗："二圣出游豫，两京遂丘墟。……人心失去就，贼势腾风雨。"想到这里，诗人不能安眠、不能入睡，他说："中夜四五叹，常为大国忧。……安得羿善射，一箭落旄头。"（《经乱离后天恩流夜郎忆旧游书怀赠江夏韦太守良宰》）虽然已经走在了流放的路上，诗人一颗火热的心却依然为救国救民而热切地燃烧着。这就是李白，这就是伟大诗人之为伟大之处！

玄宗天宝十二载（753）前后，李白的好友、著名诗人王昌龄曾被贬龙标（今湖南黔阳），李白听说后为他担心，遥赠一首诗给昌龄表示慰问："杨花落尽子规啼，闻道龙标过五溪。我寄愁心与明月，随风直到夜郎西。"（《闻王昌龄左迁龙标遥有此寄》）情谊深厚，令人感动，千年之后阅读，不能不使人为之动情。然而谁又能想到几年之后，同样的厄运竟降临到李白自己的头上！只不过王昌龄之夜郎并非李白之夜郎，前者是业州夜郎（今属湖南新晃），后者是溱州夜郎（今属贵州桐梓），然而不管是哪一个夜郎，它们都与宿松、浔阳相隔千山万水，都属于边远的蛮荒之地。古语常说"夜郎自大"，李白这一去不说"自大"，恐怕连"自小"也做不到。对一个花甲老人来说，流夜郎的长途跋涉难道不是在夺取他的生命吗？

在李白的诗中，处处都留下长流夜郎的记忆：《流夜郎题葵叶》《南流夜郎寄内》《流夜郎永华寺，寄寻阳群官》《流夜郎至西塞驿，寄裴隐》《流夜郎赠辛判官》《流夜郎半道承恩放还，兼欣克复之美书怀示息秀才》《经乱离后天恩流夜郎忆旧游书怀赠江夏韦太守良宰》《流夜郎至江夏，陪长史叔及薛明府宴兴德寺南阁》《张相公出镇荆州寻除太子詹事余时流夜郎……诗余答以此诗》等等等等。这些作品脱去浪漫诗仙特有的高昂洒脱，宣泄蕴藏在愤怒中的低沉与伤感，流露出迁徙遐荒的幽怨与愤懑，记录下长流夜郎投在李白内心的长长阴影：

朝别凌烟楼，贤豪满行舟。
暝投永华寺，宾散予独醉。
愿结九江流，添成万行泪。
写意寄庐岳，何当来此地。
天命有所悬，安得苦愁思。（《流夜郎永华寺，寄寻阳群官》）

这就是命运的安排，本当是贤豪满舟，现在却只有伊人独醉，浔阳江的流水，真如自己的伤心泪！好诗本为幽美的匡庐预备，谁知却不得不写在流放的旅途！

> 惭君能卫足，叹我远移根。
> 白日如分照，还归守故园。（《流夜郎题葵叶》）

葵花尚能护卫自己的根茎，自己却不得不远离故园！

> 夜郎天外怨离居，明月楼中音信疏。
> 北雁春归看欲尽，南来不得豫章书。（《南流夜郎寄内》）

至于妻子家人更是难再相见！

> 扬帆借天风，水驿苦不缓。
> 平明及西塞，已先投沙伴。
> 回峦引群峰，横蹙楚山断。
> 砯冲万壑会，震沓百川满。
> 龙怪潜溟波，俟时救炎旱。
> 我行望雷雨，安得沾枯散。
> 鸟去天路长，人愁春光短。
> 空将泽畔吟，寄尔江南管。（《流夜郎至西塞驿，寄裴隐》）

平明时分，行至西塞驿站，疲倦的诗人在信中向友人诉说这一路山水形势的险恶、自己的惆怅与忧郁。他早已困顿不堪，但心里还是惦念着干旱的天气，希望苍天普降霖雨，好让庄稼有个好的收成，这种维系民生的情感发自肺腑，朴素真实，令人感佩。

多亏诗人的性格还是那么开朗、阳光、自信，长流夜郎固然让他绝望沮丧，但这自信、乐观也许会支撑他度过人生的难关。在《流夜郎赠辛判官》中，他写道：

> 昔在长安醉花柳，五侯七贵同杯酒。
> 气岸遥凌豪士前，风流肯落他人后。
> 夫子红颜我少年，章台走马著金鞭。
> 文章献纳麒麟殿，歌舞淹留玳瑁筵。
> 与君自谓长如此，宁知草动风尘起。
> 函谷忽惊胡马来，秦宫桃李向明开。
> 我愁远谪夜郎去，何日金鸡放赦回。

已经落到这步田地的李白，依然很倔强地回忆着自己在长安的风光时刻，言语之间溢满起意气风发的精神状态。想当年，诗人因出众的文才在得到唐玄宗的召见，王侯贵族与他同醉共舞，豪门望族又何曾放在眼中？那时候，你辛判官正是翩翩风流，我也是少年得志。谁知道胡马踏碎了盛世的美梦，多少有志之士获得君王的器重，我却因负罪被贬斥到蛮荒之地，真不知道什么时候才能遇到皇恩大赦，让这不幸的遭遇早早结束。

这首诗既有对往昔生活的追忆，又有对帝国遭遇动乱的叹息，还有对未来的无限希望，表达出诗人对盛世无限的眷恋和对自己今非昔比的慨叹。尽管李白心中愁苦，却没有绝望，他还希望着有一天能够遇赦归还。尽管遭受了这样的痛苦经历，李白仍然在努力地寻找心灵的平衡点，他依靠自己的乐观自信、依靠对过去美好生活的回忆，支撑着自己一直往前走。

李白流放夜郎的经历及其诗歌创作，使“夜郎”成为一个鲜明的象征，提及此地就使人想起与世隔绝的偏远蛮荒，想起被贬之人远徙他乡的酸楚悲苦。李白长流夜郎的系列诗作，包含着对友人的不舍，对盛世的留恋；对亲人的思念，对离别的哀怨；对苦恶环境的感叹，对归家的期盼；对怀才不遇的怨愤，对国家前途深深的牵挂。从这些诗中，我们能够感受到李白真实真诚的情感与顽强自信的生命意志。我们现在写一首诗、一篇文章，有没有能力感动一千年后的人们？人们能不能透过文字感受到真实、真诚与自信？这对我们而言是一个巨大的疑问，也是一个巨大的挑战。李白的诗作具有穿越时空、洞察千古的力量，这个力量就来自于他真率的情感、强烈的意志、天才的艺术创造力。

三、遇赦放还

“我愁远谪夜郎去，何日金鸡放赦回”（《流夜郎赠辛判官》）。现在，李白的这个幻想就要变成现实了—— 唐肃宗乾元二年（759）三月，关中地区发生严重旱情，朝廷宣布天下大赦：“天下现禁囚徒，死罪从流，流罪以下一切放免。”（《以春令减降囚徒敕》）所有的死罪囚徒减刑为流放，流放及以下诸罪均予以彻底赦免。

这真是做梦也想不到的喜讯！

意想不到的喜讯让李白欣喜若狂，他就像笼中的鸟儿又回到了广阔的天空，那颗饱受创伤的心仿佛死灰复燃一般重新燃起了生命的火焰！似乎只是在一瞬间，他就立刻忘却了自己的牢骚愤懑，忘却了流放途中的艰难困苦，忘却了满头白发的花甲年纪，他的心情是这样的轻松愉快，是这样的欢欣喜悦：

> 朝辞白帝彩云间，千里江陵一日还。
> 两岸猿声啼不住，轻舟已过万重山。（《早发白帝城》）

这是我们在小学时最熟悉的诗，这是我们每个人心中最熟悉的那个李白，那个生龙活虎、永远自信乐观的李白又回来了！“朝辞白帝彩云间，千里江陵一日还”，早上从白帝城（四川奉节）出发，夜晚就达到江陵（今湖北江陵），多么快的速度！有人说这句诗来自盛弘之《荆州记》：“朝发白帝，暮到江陵，其间千二百里，虽乘奔御风，不以疾也。”这当然不错，可盛弘之所记录的不过是地理的距离、速度，这记录又怎能束缚住李白那豪情满怀浪漫的心理速度呢？“千里”与“一日”的鲜明对照，映射出李白迫切、急切的心情，映射出他渴望一日之内越过重重关山的激动情绪。那两岸的猿声，凄清哀转，催人泪下沾裳，使李白不禁回想起自己这一生的起伏坎坷，尤其是从军永王李璘以来所遭受的生死艰难、悲欢离合、世态炎凉！如今，这一切都要过去了，生活的理想重新放射出光芒，青春的活力在诗人的身上再次迸发——“轻舟已过万重山”，心情好似轻舟，纷乱的往事如万重山川被永远抛在脑后，新的人生、新的希望就在眼前。

大家不要忘记，这首诗的作者此刻已经五十八岁，花甲诗人写出了少年青春的诗作！这首诗中，看不到一点埋怨与磨难，看不到一点挫折与牢骚，所有这一切都被“轻舟已过万重山”挥之而去，没有留下一点点痕迹。诗人再次相信生活，再次对生活鼓起勇气、充满信心——这就是李白，无论遇到多大的苦难，只要有一线转机、一线希望，他都会不断鼓舞自己，不断勇往直前，不断追求自己的理想，从不轻言放弃。于是，诗人的个性、理想、自由、幸福乃至自信开始飞越千年时光，如日光、月光温暖我们的心房，辉映我们的人格，点燃我们的理想。

其实，李白的这次获赦并非针对他本人的特赦，而是全国性的赦免。但这并不妨碍李白将这次获赦看作一次新的政治机遇，他还不清楚自己的具体目标是什么，可他相信自己一定可以拥有新的生活。在《自汉阳病酒归寄王明府》中，他写道：

丁酉歲
庚震

峨眉山月半輪秋影入平
羌江水流夜發清溪向三
峽思君不見下渝州

康震

去岁左迁夜郎道，琉璃砚水长枯槁。
今年敕放巫山阳，蛟龙笔翰生辉光。
圣主还听《子虚赋》，相如却与论文章。
愿扫鹦鹉洲，与君醉百场。
啸起白云飞七泽，歌吟渌水动三湘。
莫惜连船沽美酒，千金一掷买春芳。

长流夜郎是多么的不愉快，诗人的笔砚干涸，人生似乎走到了终点。可如今柳暗花明，遇赦诗人手中的诗笔开始重新焕发光彩。李白开始想象政治新生后的浪漫人生：自己的文采可比肩司马相如，必定能写出《子虚赋》那样的锦绣文章，必定会获得圣上的重用。想到这里，他禁不住高兴地欢歌醉舞起来：我要与朋友再次大醉百场，我要放声高歌，令楚地云泽云雾飞腾，令湖湘绿水波涛翻滚，这是多么欢快的时刻！不要吝惜连船的美酒，我宁可一掷千金、散尽千金，只要能够尽情享受这春日的芳华美景！你看，五十八岁的诗人是多么的可爱，多么的天真，多么的孩子气！然而这正是李白最具魅力的地方。他的天真、率真体现在生活的方方面面，他对于政治、对于理想、对于人生，都表现出诗人特有的天真甚至幼稚。这天真中又包含着几分幻想、几分狂想、几分自信、几分浪漫的情怀，这不正是我们特别喜爱李白、喜爱李白诗歌的地方吗？

正是怀着这样一种幻想、梦想，李白返回江陵之后，便流连活动于汉阳（今湖北汉阳）、江夏（今湖北武昌）、鄂州（今湖北武昌）、岳州（今湖南岳阳）、洞庭、浔阳（今江西九江）等地，耐心等待、寻找时机，希望将自己的梦想变成现实。在江夏，他给老朋友、江夏太守韦良宰的诗中写道：

传闻赦书至，却放夜郎回。

暖气变寒谷，炎烟生死灰。

君登凤池去，勿弃贾生才。（《经乱离后天恩流夜郎忆旧游书怀赠江夏韦太守良宰》）

在不同的历史时期，李白在诗中所扮演的政治角色也有所不同。在年轻的漫游时期，他自比豪侠剧孟：“托交从剧孟，买醉入新丰。笑尽一杯酒，杀人都市中。”（《结客少年场行》）当他进入皇宫、做了翰林供奉，他自比管仲、诸葛、扬雄：“自言管葛竟谁许？长吁莫错还闭关。”（《驾去温泉宫后赠杨山人》）“子云叨侍从，献赋有光辉。激赏摇天笔，承恩赐御衣”（《温泉侍从归逢故人》）。当“安史之乱”爆发的时候，他自比谢安石：“三川北虏乱如麻，四海南奔似永嘉。但用东山谢安石，为君谈笑静胡沙。”（《永王东巡歌十一首》其二）如今，战争快要结束了，饱受战乱之苦的国家需要重建，他又自比贾谊，希望即将入朝为官的韦良宰能够向朝廷积极推荐他这位治国良才。总之，在任何一个历史阶段，李白都自信是优秀的栋梁之材。我们姑且不论事实是否如此，关键在于李白的自信、自许是朝气蓬勃、自信乐观之盛唐精神的突出表现，这是一个时代的典型情绪，李白尤其是这种精神、这种情绪的典型代表。李白的这种自信、自许，并不仅仅停留在语言、诗歌中，而是用一生的实践、追求体现出这种自信、自许，哪怕有些幼稚、有些虚幻，也从不退缩、放弃。我们从来不会因为李白自比历史上的良将、贤臣而感到可笑，反而觉得他无比可爱、可敬。

四、壮志未酬身先死

李白是希望能够尽快重新出山，为国效命，那么当时的政治军事形势又如何呢？

从政治形势来看，唐肃宗的朝政真是每况愈下。乾元元年（758）、二年期间，宦官李辅国逐渐执掌大权，成了肃宗朝的李林甫、杨国忠，与李辅国勾结一气的皇后张良娣则是肃宗朝的杨贵妃。玄、肃宗之间的矛盾斗争也愈演愈烈。在李辅国的唆使离间下，唐玄宗被软禁在太极宫，被认为是亲近唐玄宗一党的房琯、贾至、刘秩、严武、杜甫，包括同情李白的张镐、崔涣、宋若思等人均先后遭到贬抑，离开长安，去地方任官。杜甫更是因关中饥荒，被迫弃官携家流落秦州、同谷以至成都。

从军事形势来看，情况也很不乐观。乾元二年（759）三月，正当李白“朝辞白帝彩云间，千里江陵一日还”之时，郭子仪等九路节都使大军在相州（今属河南安阳）与安史叛军决战，唐军大溃而败。七月，郭子仪被罢免天下兵马元帅，肃宗任命赵王李系为天下兵马元帅、李光弼为副元帅。九月，史思明趁势从范阳南下再度攻陷洛阳，中原战场形势急转直下，陷入危局。

看来，当时的政治、军事形势并不利于李白东山再起。但这丝毫没有冷却李白火热的政治热情，对于这位始终依靠政治热情而非政治算计参与政治活动的诗人来说，热情、自信、乐观就是他全部的政治资本，就是支撑他坚定政治抱负的全部基础。李白不打算退缩，他抱定救国的决心，随时寻找请缨一战的机会。

机会似乎来到了。唐肃宗上元二年（761）三月，叛军首领史思明被其子史朝义所杀，史朝义在洛阳即皇帝位，叛军内部出现分裂。五月，朝廷为了防止安史叛军东犯吴、越，袭扰江南，“以李光弼为河南副元帅、太尉兼侍中，都统河南、淮南东西、山南东、荆南、江南西、浙江东西八道行营节度，出镇临淮”（《资治通鉴》卷222）。八月，李光弼赴河南行营，出镇临淮（今属安徽泗县）。

六十一岁的李白出发了。他从浔阳启程，沿江东下铜官、宣城直至金陵，预备北上临淮，加入李光弼的军队，参与平定安史叛军。

他在诗中写道：

> 秦出天下兵，蹴踏燕赵倾。
> 黄河饮马竭，赤羽连天明。
> 太尉杖旄钺，云骑绕彭城。
> 三军受号令，千里肃雷霆。
> 函谷绝飞鸟，武关拥连营。
> 意在斩巨鳌，何论鲙长鲸。
> 恨无左车略，多愧鲁连生。
> 拂剑照严霜，雕戈鬘胡缨。
> 愿雪会稽耻，将期报恩荣。（《闻李太尉大举秦兵百万出征东南，懦夫请缨，冀申一割之用，半道病还，留别金陵崔侍御十九韵》）

在诗人的浪漫想象中，李光弼的大军具有雷霆万钧的气势，只要挥师出击，安史叛军自然不堪一击。诗人也希望能因此一雪从军永王东巡而被长流夜郎的耻辱，重新开始自己的人生。李白的这番豪情，正所谓“烈士暮年，壮心不已，老骥伏枥，志在千里”。

李白晚年的这次重大举动并没有遭遇任何外来的阻碍，但不幸的是，他的这次行动被自己糟糕的健康状况完全破坏了。这不能不说是一个巨大的遗憾，伟大的诗人一辈子豪情满怀，遭遇了不知多少挫折，都没有被打倒，最终却被严重的疾病打倒了：

> 半道谢病还，无因东南征。
> 亚夫未见顾，剧孟阻先行。
> 天夺壮士心，长吁别吴京。
> 金陵遇太守，倒屣相逢迎。

群公咸祖饯，四座罗朝英。
初发临沧观，醉栖征虏亭。
旧国见秋月，长江流寒声。
帝车信回转，河汉复纵横。
孤凤向西海，飞鸿辞北溟。
因之出寥廓，挥手谢公卿。（《闻李太尉大举秦兵百万出征东南，懦夫请缨，冀申一割之用，半道病还，留别金陵崔侍御十九韵》）

“天夺壮士心，长吁别吴京”，这真是烈士暮年的深沉感叹！

离开金陵，李白一路西行来到当涂（今安徽当涂），投奔时任当涂县令的族叔李阳冰。在《献从叔当涂宰阳冰》中，他写道：

小子别金陵，来时白下亭。
群凤怜客鸟，差池相哀鸣。
各拔五色毛，意重泰山轻。
赠微所费广，斗水浇长鲸。
弹剑歌苦寒，霜落起前楹。

如今的诗人真是日暮途穷，他在金陵也曾得到朋友们的馈赠，情意固然比泰山还要深重，但是所赠微薄而所费甚广，好比要救活一只巨鲸，仅凭区区的几斗水怎么足够？在《上安州裴长史书》中，三十多岁的李白曾不无自信地写道：“何王公大人之门不可以弹长剑乎？”那时的李白是多么的骄傲、多么的自信！他这个盛唐的冯谖就这样弹着宝剑，昂首高歌走遍天下，哪会担心无人赏识呢？可现在的冯谖，经历了战乱与流放的折磨、苦难，早已是遍体疮痍、病魔缠身。他还在努力地昂首高歌，可是歌声寒苦，透露出严霜的气息，浪漫一生的诗人现在最需要的不是奔走呼号，而是静静地修养、静静地休息。

然而病魔并不打算给他更多的休息时间，诗人的病况越来越严重，生命的气息也越来越微弱，眼看将要走到尽头。关于李白所患的疾病，史料中并没有明确记载。晚唐著名诗人皮日休曾作《七爱诗》组诗，诗中歌咏他最推崇的七位“真纯”之人，即“立大化”的“真相”房玄龄、杜如晦，“定大乱”的“真将”李晟，“傲大君”的“真隐”卢鸿，“镇浇俗”的“真吏”元德秀，“负逸气”的“真放”李白，“为名臣”的“真才”白居易。在《七爱诗·李翰林白》中，他写道：

吾爱李太白，身是酒星魄。
口吐天上文，迹作人间客。
……
诸侯百步迎，明君九天忆。
竟遭腐胁疾，醉魄归八极。

这里所说的“腐胁疾”恐怕就是李白致病的根源，也是导致他亡故的主要病因。有研究者认为，所谓“腐胁疾”大体相当于现代医学中的慢性脓胸穿孔，这种疾病如果不能得到及时的救治，肺部与胸膜间便会逐渐蓄脓进而向体外腐蚀穿孔，严重危及生命。李白患“腐胁疾”的原因比较复杂，如多年颠沛流离、漫游奔波的生活，特别是晚年身陷囹圄、长流夜郎的艰苦境遇，而过度饮酒、服食丹药肯定又加重了他的病情。

唐肃宗宝应元年（762）十一月，李白的病情恶化，他将平生所作诗文交付李阳冰，嘱托他代为作序：

临当挂冠，公又疾亟。
草稿万卷，手集未修。
枕上授简，俾予为序。（《草堂集序》）

年六十有二不偶，赋《临终歌》而卒。（李华《故翰林学士李君墓志并序》）

《临终歌》就是李白这位伟大而穷困的诗人留给世界的最后绝笔。

少年时代的李白曾写过一篇《大鹏赋》，自诩为展翅高飞的大鹏，这只大鹏拥有“斗转而天动，山摇而海倾”的抱负，张开羽翼，便能：“烜赫乎宇宙，凭陵乎昆仑。一鼓一舞，烟朦沙昏。五岳为之震荡，百川为之崩奔。”这是少年的李白，少年的大鹏。

青年时代的李白，虽然没有什么名气，甚至遭到大人物的冷遇，但他矢志不渝、扶摇直上，不坠青云之志：“大鹏一日同风起，抟摇直上九万里。假令风歇时下来，犹能簸却沧溟水。世人见我恒殊调，闻余大言皆冷笑。宣父犹能畏后生，丈夫未可轻年少。”（《上李邕》）

如今老迈多病的李白，处在弥留之际，但他依然不改初衷，依然以大鹏自诩：

大鹏飞兮振八裔，中天摧兮力不济。
余风激兮万世，游扶桑兮挂左袂。
后人得之传此，仲尼亡兮谁为出涕？

大鹏振翅啊八方回响，中天摧折呀穷尽了力量！鼓荡的余风哟将在万世传扬，我满怀的抱负才华呀无处伸张！高飞的大鹏啊中道夭亡，世无孔子哟谁为大鹏涕泪沾裳！这是一个典型的浪漫主义者的回顾与总结。李白从来都不喜欢回忆、怀念往事、故人，他一辈子只关心未来，只关心前方未知的路还有多长，所以他的悲伤也是这样的与众不同。死亡并不可怕，对他来说，最可怕的是没有未来，没有希望，没有千古的知音与理解。李白很少哭泣，但是在不可知的未来面前，他无法控制自己的感情，他忍不住要问：千年万世以后，谁将为我哭泣？谁将是我的知音？谁能够真正理解我？“仲尼亡兮谁为出涕”？这是面对未来的质问，也是在现世屡屡失落的大鹏发出的最后呼唤。当年鲁人猎获麒麟，孔子为这瑞兽生逢乱世不得其时而哭泣。现在这飞翔了一生的大鹏就要默默死去，孔子却早已消失在历史的尘烟中，还会有谁为大鹏的生不逢时而落下泪水呢？

李白的人生从大鹏开始，以大鹏终结。在他的诗篇面前，我们被深深地震撼、感动着。在他的墓碑前，我们为诗人一生的坎坷悲剧扼腕落泪。

李白是中国古代社会的黄金时代——盛唐皇朝多元文化兼容并蓄的伟大象征。在他的身上充满了矛盾，也因为这些矛盾，他才显得如此可爱。他总是大呼“仰天大笑出门去，我辈岂是蓬蒿人”（《南陵别儿童入京》），多么洒脱、超然！但是也会有“大道如青天，我独不得出”（《行路难》）的深沉痛苦；他看不起达官贵人，就说“安能摧眉折腰事权贵，使我不得开心颜”（《梦游天姥吟留别》），但是当年在唐玄宗身边的时候，又无不炫耀地说“王公大人借颜色，金璋紫绶来相趋”（《驾去温泉后赠杨山人》）；他稍不惬意就说“人生得意须尽欢，莫使金樽空对月”；忽而又兴趣高涨，说“天生我材必有用，千金散尽还复来”（《将进酒》）；他的朋友似乎不少，到处都有深情的知己：“桃花潭水深千尺，不及汪伦送我情”（《赠汪伦》）；但有时又似乎是个孤独而离群索居的人：“花间一壶酒，独酌无相亲。举杯邀明月，对影成三人”（《月下独酌》）。对于每一位喜爱唐诗、喜爱李白的人来说，千百年来，李白就一直这样千回百结地矛盾着，翻江倒海地愤怒着，仰天长啸地悲痛着，纵情高歌地兴奋着，这就是李白的魅力。

李白人格魅力、艺术魅力的根本原因在于：巨大的政治理想与极度的政治自信。李白胸中的盛唐气象，是山登绝顶我为峰、唯我独尊的王霸之气。是力图海县清一的凌云壮气，是不屈服于命运安排的耿介骨气，是平交王侯、藐视权贵的傲然正气，是飘飘然羽化登仙的神仙气，是拔刀相助的豪侠气，是以诗文纵横天下的飘逸之气，所有这些，才使得李白能够举起盛唐诗坛的熊熊火炬，照亮辉煌壮丽的盛唐皇朝，展现恢宏雄阔的盛唐气象。正因如此，他也就不可能再去适应处处都是规矩方圆的朝廷秩序、官场规则。他是一个永不安分的时代的歌者，他的使命就是要为这伟大的时代歌唱，歌唱其中的辉煌、歌唱其中的伟大，同时也要为千百万不遇者唱出心中的不平，他要借助自己锐利的歌声、手中的火炬照亮那些黑暗的角落。

总之，理想与现实的巨大反差，造就李白人格的巨大矛盾，造就他诗歌思想内涵的深入深刻，也造就了诗歌艺术的剧烈起伏与浪漫色彩。李白在政治上越简单、越幼稚、越单纯，他的诗歌艺术就越纯粹、越杰出、越不同凡响，他的政治悲剧也就越来越深重。这是李白永远也无法摆脱的现实悲剧，而李白对这悲剧人生的演绎，却成为古代诗史中最奇崛的一道风景。

主要参考文献及书目

刘昫等《旧唐书》，中华书局 1975 年版

欧阳修、宋祁《新唐书》，中华书局 1975 年版

司马光《资治通鉴》，中华书局 1956 年版

周勋初《唐语林校正》，中华书局 1987 年版

傅璇琮等《唐才子传校笺》，中华书局 1987 年版

王仲镛《唐诗纪事校笺》，巴蜀书社 1989 年版

彭定求等《全唐诗》，中华书局 1960 年版

董诰等《全唐文》，上海古籍出版社 1990 年版

瞿蜕园、朱金城《李白集校注》，上海古籍出版社 1980 年版

安旗等《李白全集编年注释》，巴蜀书社 1990 年版

裴斐、刘善良《李白资料汇编》，中华书局 1994 年版

詹锳等《李白全集校注汇释集评》，百花文艺出版社 1996 年版

郭沫若《李白与杜甫》，人民文学出版社 1971 年版

罗宗强《李杜论略》，内蒙古人民出版社 1980 年版

郁贤皓《李白丛考》，陕西人民出版社 1983 年版

郁贤皓《天上谪仙人的秘密——李白考论集》，（台湾）商务印书馆股份有限公司 1997 年版

詹福瑞《20 世纪李白研究述略》，《唐代文学研究年鉴》2000 年

[日]松浦友久《李白的客寓意识及其诗思——李白评传》，中华书局 2001 年版

周勋初《李白研究》，湖北教育出版社 2003 年版

周勋初《李白评传》，南京大学出版社 2005 年版
《李白学刊》第 1—2 辑，上海三联书店 1989 年版
《中国李白研究》1990 年集，江苏古籍出版社 1990、1991 年版
《中国李白研究》1991—2000 年集，安徽文艺出版社 1992—2000 年版

古风五十九首（其四十六）

一百四十年，国容何赫然。
隐隐五凤楼，峨峨横三川。
王侯象星月，宾客如云烟。
斗鸡金宫里，蹴鞠瑶台边。
举动摇白日，指挥回青天。
当涂何翕忽，失路长弃捐。
独有扬执戟，闭关草《太玄》。

【古人点评】

此篇前六句，意出自梁鸿《五噫歌》。大意谓：有唐得国之久如此，国容之盛如此，王侯宾客又如此。所谓金宫、瑶台，正当为延贤之地，今乃为斗鸡、蹴鞠之场。“白日”“青天”者，天日以比其君。斗鸡蹴鞠，明皇所好。此等之人，得志用事，举动指挥，足以动摇主听也。“当涂何翕忽”者，以喻得其蹊径而依附之者，可以翕忽而暴贵也。“失路长弃捐”者，以喻不得其蹊径而依附之者，终于弃捐而不见用也。唯儒者独有定守，闭门著书而已。

——元·萧士赟《李白全集校注汇释集评》

蜀道难

噫吁嚱，危乎高哉！蜀道之难，难于上青天！

蚕丛及鱼凫，开国何茫然！尔来四万八千岁，不与秦塞通人烟。西当太白有鸟道，可以横绝峨眉巅。地崩山摧壮士死，然后天梯石栈相钩连。上有六龙回日之高标，下有冲波逆折之回川。黄鹤之飞尚不得过，猿猱欲度愁攀援。青泥何盘盘，百步九折萦岩峦。扪参历井仰胁息，以手抚膺坐长叹。

问君西游何时还？畏途巉岩不可攀。但见悲鸟号古木，雄飞雌从绕林间。又闻子规啼夜月，愁空山。蜀道之难，难于上青天，使人听此凋朱颜！连峰去天不盈尺，枯松倒挂倚绝壁。飞湍瀑流争喧豗，砯崖转石万壑雷。其险也如此，嗟尔远道之人胡为乎来哉！

剑阁峥嵘而崔嵬，一夫当关，万夫莫开。所守或匪亲，化为狼与豺。朝避猛虎，夕避长蛇；磨牙吮血，杀人如麻。锦城虽云乐，不如早还家。蜀道之难，难于上青天，侧身西望长咨嗟！

【古人点评】

李太白初自蜀至京师，舍于逆旅，贺监知章闻其名，首访之。既奇其姿，复请所为文。出《蜀道难》以示之。读未竟，称叹者数四，号为“谪仙”，解金龟换酒，与倾尽醉，期不间日。由是称誉光赫。

——唐·孟棨《本事诗》

将进酒

君不见，黄河之水天上来，奔流到海不复回。
君不见，高堂明镜悲白发，朝如青丝暮成雪！
人生得意须尽欢，莫使金樽空对月。
天生我材必有用，千金散尽还复来。
烹羊宰牛且为乐，会须一饮三百杯。
岑夫子，丹丘生，将进酒，杯莫停。
与君歌一曲，请君为我倾耳听。

钟鼓馔玉不足贵，但愿长醉不复醒。

古来圣贤皆寂寞，惟有饮者留其名。

陈王昔时宴平乐，斗酒十千恣欢谑。

主人何为言少钱，径须沽取对君酌。

五花马，千金裘，呼儿将出换美酒，与尔同销万古愁！

【古人点评】

一结豪情，使人不能句字赏摘。盖他人作诗用笔想，太白但用胸口一喷即是，此其所长。

——宋·严羽《李太白诗集》

行路难三首（其一）

金樽清酒斗十千，玉盘珍羞直万钱。

停杯投箸不能食，拔剑四顾心茫然。

欲渡黄河冰塞川，将登太行雪满山。

闲来垂钓碧溪上，忽复乘舟梦日边。

行路难，行路难，多歧路，今安在？

长风破浪会有时，直挂云帆济沧海。

【古人点评】

冰寒雪满，道路之难甚矣。而日边有梦，破浪济海，尚未决志于去也。后有二篇，则畏其难而决去矣。此盖被放之初述怀如此，真写得“难”字意出。

——清·乾隆敕编《唐宋诗醇》

关山月

明月出天山，苍茫云海间。

长风几万里，吹度玉门关。

汉下白登道，胡窥青海湾。

由来征战地，不见有人还。
戍客望边色，思归多苦颜。
高楼当此夜，叹息未应闲。

【古人点评】

青莲“明月出天山，苍茫云海间。长风几万里，吹度玉门关”，浑雄之中，多少闲雅！

——明·胡应麟《诗薮》

塞下曲六首（其一）

五月天山雪，无花只有寒。
笛中闻《折柳》，春色未曾看。
晓战随金鼓，宵眠抱玉鞍。
愿将腰下剑，直为斩楼兰。

【古人点评】

三、四一气而下，妙极自然，故不用对。另是一体，究非常格。

——清·黄白山 朱之荆《增订唐诗摘钞》

雪入春则无花，前言塞下寒若如此。五、六言其苦更甚。两层逼出“直为斩楼兰”，言外见庶不再来塞下受此苦也。意甚含蓄。

——清·屈复《唐诗成法》

玉阶怨

玉阶生白露，夜久侵罗袜。
却下水晶帘，玲珑望秋月。

【古人点评】

题为“玉阶怨”，其写怨意，不在表面，而在空际。第二句云露侵罗袜，则空庭之久立可知。第三句云却下晶帘，则羊车之望绝可知。第四句云隔帘望月，则虚帏之孤影可知。不言怨，而怨自深矣。

——近代·俞陛云《诗境浅说》

清平调词三首（其一）

云想衣裳花想容，春风拂槛露华浓。
若非群玉山头见，会向瑶台月下逢。

【古人点评】

开元中，禁中初种木芍药，得四本，红、紫、浅红、通白繁开。上乘照夜白，太真妃以步辇从，李龟年手捧擅板，押众乐前，将欲歌之。上曰：焉用旧词为？命龟年宣翰林学士李白立进《清平调》三章，白承诏赋词，龟年以进。上命梨园弟子约格调、抚丝竹，促龟年歌，太真妃笑领歌意甚厚。张君房《脞说》指此为《清平乐》曲。

——唐·李浚《松窗杂录》

静夜思

床前明月光，疑是地上霜。
举头望明月，低头思故乡。

【古人点评】

此旅怀之思。月色侵床，凄清之景也，易动乡思。月光照地，恍疑霜白。举头低头，同此月也，一俯一仰间多少情怀。题云《静夜思》，淡而有味。

——近清·吴烶《唐诗选胜直解》

《诗薮》谓古今专门大家得三人焉，陈思之古、拾遗之律、翰林之绝，皆天授而非人力也，要是确论。至所云唐五言绝多法齐梁，体制自别：此则气骨甚高，神韵甚穆，过齐梁远矣。

——清·乾隆敕编《唐宋诗醇》

子夜吴歌·秋歌

长安一片月，万户捣衣声。
秋风吹不尽，总是玉关情。
何日平胡虏，良人罢远征。

【古人点评】

钟云：毕竟是唐绝句妙境，一毫不像晋宋。然求像，则非太白矣。

——明·钟惺 谭元春《唐诗归》

有味外味。每结二语，余情余韵无穷。“秋风吹不尽，总是玉关情”，此入感叹语意，非为万户砧声赋也。

——明·陆时雍《唐诗镜》

秋浦歌十七首（其十五）

白发三千丈，缘愁似个长。
不知明镜里，何处得秋霜。

【古人点评】

发不可数，“三千丈”言其长也，愁多故易白，“秋霜”形其白也：倏然对镜，睹此皤然，感兹暮年，愁怀莫诉，偶于秋浦自叹之乎！

——清·吴烶《唐诗选胜直解》

太白诗“白发三千丈”“燕山雪花大如席”，语涉粗豪，然非尔便不佳。……如少陵言愁，断无“白发三千丈”之语，只是低头苦煞耳。故学杜易，学李难。然读杜后，不可不读李，他尚非所急也。

——清·郭兆麒《梅崖诗话》

峨眉山月歌

峨眉山月半轮秋，影入平羌江水流。
夜发清溪向三峡，思君不见下渝州。

【古人点评】

周敬曰：思入清空，响流虚远，灵机逸韵，相凑而来。每一歌之，令人忘睡。金献之云：王右丞《早朝》诗五用衣服字，李供奉《峨眉山月歌》五用地名字，古今脍炙。然右丞用之八句中，终觉重复。供奉只用四句，而天巧浑成，毫无痕迹，故是千秋绝调。

——明·周珽《唐诗选脉会通评林》

赠孟浩然

吾爱孟夫子，风流天下闻。
红颜弃轩冕，白首卧松云。
醉月频中圣，迷花不事君。
高山安可仰，徒此揖清芬。

【古人点评】

吴曰：疏宕中仍自精炼（“醉月”二句下）。吴曰：开一笔（“高山”句下）。吴曰：一气舒卷，用孟体也，而其质健豪迈，自是太白手段，孟不能及。

——近代·高步瀛《唐宋诗举要》

赠汪伦

李白乘舟将欲行，忽闻岸上踏歌声。
桃花潭水深千尺，不及汪伦送我情。

【古人点评】

“桃花潭水深千尺”，掩下句看是甚么？却云“不及汪伦送我情”，何等气力，何等斤两，抵过多少长篇大章！又只是眼前口头语，何曾待安排雕钵而出之？此所以为千秋绝调也。

——清·焦袁熹《此木轩论诗汇编》

唐时汪伦者，泾川豪士也，闻李白将至，修书迎之，诡云：“先生好游乎？此地有十里桃花。先生好饮乎？此地有万家酒店。”李欣然至。乃告云：“‘桃花’者，潭水名也，并无桃花；‘万家’者，店主人姓万也，并无万家酒店。”李大笑，款留数日，赠名马八匹，官锦十端，而亲送之。李感其意，作《桃花潭》绝句一首。

——清·袁枚《随园诗话》

闻王昌龄左迁龙标遥有此寄

杨花落尽子规啼，闻道龙标过五溪。
我寄愁心与明月，随风直到夜郎西。

【古人点评】

梅禹金曰：曹植“愿作东北风，吹我入君怀”，齐浣“将心寄明月，流影入君怀”，此诗兼裁其意，撰成奇语。

——明·凌宏宪《唐诗广选》

太白七言绝，如“杨花落尽子规啼”“朝辞白帝彩云间”“谁家玉笛暗飞声”“天门中断楚江开”等作，读之真有挥斥八极、凌属九霄意。贺监谓为“谪仙”，良不虚也。

——明·胡应麟《诗薮》

黄鹤楼送孟浩然之广陵

故人西辞黄鹤楼，烟花三月下扬州。
孤帆远影碧空尽，唯见长江天际流。

【古人点评】

送行之作夥矣，莫不有南浦销魂之意。太白与襄阳，皆一代才人，而兼密友，其送行宜累笺不尽。乃此诗首二句仅言自武昌至扬州。后二句叙别意，言天末孤帆，江流无际，止寥寥十四字，似无甚深意者。盖此诗作于别后，襄阳此行，江程迢递，太白临江送别，直望至帆影向空而尽，唯见浩荡江流，接天无际，尚怅望依依，帆影尽而离心不尽。十四字中，正复深情无限，曹子建所谓“爱至望苦深”也。

——近代·俞陛云《诗境浅说续编》

渡荆门送别

渡远荆门外，来从楚国游。
山随平野尽，江入大荒流。
月下飞天镜，云生结海楼。
仍怜故乡水，万里送行舟。

【古人点评】

丁龙友曰：胡元瑞谓“山随平野尽，江入大荒流”，此太白壮语也；子美诗“星随平野阔，月涌大江流”二语，骨力过之。予谓李是昼景，杜是夜景；李是行舟暂视，杜是停舟细观，未可概论。

——清·王琦《李太白全集》

送友人

青山横北郭，白水绕东城。
此地一为别，孤蓬万里征。
浮云游子意，落日故人情。
挥手自兹去，萧萧班马鸣。

【古人点评】

三、四流走，竟亦有散行者，然起句必须整齐。苏、李赠言，多唏嘘语而无蹶蹷声，知古人之意在不尽矣，太白犹不失斯旨。

——清·沈德潜《唐诗别裁》

质公曰：倏忽万里，念此黯然销魂。

——清·张琪《唐风怀》

宣州谢朓楼饯别校书叔云

弃我去者，昨日之日不可留。
乱我心者，今日之日多烦忧。
长风万里送秋雁，对此可以酣高楼。
蓬莱文章建安骨，中间小谢又清发。
俱怀逸兴壮思飞，欲上青天览明月。
抽刀断水水更流，举杯消愁愁更愁。
人生在世不称意，明朝散发弄扁舟。

【古人点评】

遥情飚竖，逸兴云飞，杜甫所谓"飘然思不群"此矣。二载而下，犹见酒间岸异之状，真仙才也。吴昌祺曰：亦从明远变化出来。

——清·乾隆敕编《唐宋诗醇》

此篇三韵两转，而起结别是一法。起势豪迈，如风雨之骤至。言日月如流，光阴如逝已去之。昨日难留，方来之忧思烦乱，况人生之聚散不定，而秋风又复可悲乎！当此秋风送雁，临眺高楼，可不尽醉沉酣，以写我忧乎？

——清·王尧衢《古唐诗合解》

山中问答

问余何意栖碧山，笑而不答心自闲。

桃花流水窅然去，别有天地非人间。

【古人点评】

此诗纯是化机。白作此诗，如世尊拈花；人读此诗，当如迦叶微笑。不可说，亦不必说。

——清·徐增《而庵说唐诗》

周珽曰：随心趁口，不经思维，苍词古意，自成天籁。非谪仙人何得此不食烟火语！

——明·周珽《唐诗选脉会通评林》

陪侍郎叔游洞庭醉后三首（其三）

铲却君山好，平铺湘水流。

巴陵无限酒，醉杀洞庭秋。

【古人点评】

李太白云："铲却君山好，平铺湘水流。"杜子美云："斫却月中桂，清光应更多。"二公所以为诗人冠冕者，胸襟阔大故也。此皆自然流出，不假安排。

——宋·罗大经《鹤林玉露》

登太白峰

西上太白峰，夕阳穷登攀。

太白与我语，为我开天关。

愿乘泠风去，直出浮云间。

举手可近月，前行若无山。

一别武功去，何时复更还？

【古人点评】

与《望松寥山》同一奇想奇语，非谪仙决不能言。

——[日]近藤元粹《李太白诗醇》

望庐山瀑布二首（其二）

日照香炉生紫烟，遥看瀑布挂前川。
飞流直下三千尺，疑是银河落九天。

【古人点评】

徐凝《瀑布》诗云："千古犹疑白练飞，一条界破青山色。"或谓乐天有"赛不得"之语，独未见李白诗耳。李白《望庐山瀑布》诗云："飞流直下三千尺，疑是银河落九天。"故东坡云："帝遣银河一派垂，古来惟有谪仙词。"以余观之，银河一派，犹涉比类，未若白前篇云"海风吹不断，江月照还空"，凿空道出，为可喜也。

——宋·葛立方《韵语阳秋》

登金陵凤凰台

凤凰台上凤凰游，凤去台空江自流。
吴宫花草埋幽径，晋代衣冠成古丘。
三山半落青天外，二水中分白鹭洲。
总为浮云能蔽日，长安不见使人愁。

【古人点评】

崔颢题诗黄鹤楼，李白见之，去不复作，至金陵登凤凰台乃题此诗，传者以为拟崔而作，理或有之。崔诗直举胸情，气体高浑，白诗寓目山河，别有怀抱，其言皆从心而发，即景而成，意象偶同，胜境各擅，论者不举其高情远意，而沾沾吹索于字句之间，固已蔽矣。至谓白实拟之以较胜负，并谬为"槌碎黄鹤楼”等诗，鄙陋之谈，不值一噱也。

——清·乾隆敕编《唐宋诗醇》

望天门山

天门中断楚江开，碧水东流至此回。
两岸青山相对出，孤帆一片日边来。

【古人点评】

大江自岷山来，与金沙江合，凤舞龙飞，东趋荆楚，至天门，稍折而北，山势中分，江流益纵。遥见远在夕阳明处。此诗赋天门山，宛然楚江风景…… 能手固无浅语也。

——近代·俞陛云《诗境浅说续编》

早发白帝城

朝辞白帝彩云间，千里江陵一日还。
两岸猿声啼不住，轻舟已过万重山。

【古人点评】

盛弘之《荆州记》“巫峡江水之迅”云：“朝发白帝，暮到江陵，其间千二百里，虽乘奔御风，不以疾也。”杜子美诗：“朝发白帝暮江陵，顷来目击信有征。”李太白“朝辞白帝彩云间……”虽同用盛弘之语，而优劣自别。今人谓李、杜不可以优劣论，此语亦太愦愦。白帝至江陵，春水盛时，行舟朝发夕至，云飞鸟逝，不是过也。太白述之为韵语，惊风雨而泣鬼神矣。

——明·杨慎《升庵诗话》

月下独酌四首（其一）

花间一壶酒，独酌无相亲。
举杯邀明月，对影成三人。

月既不解饮，影徒随我身。
暂伴月将影，行乐须及春。
我歌月徘徊，我舞影零乱。
醒时相交欢，醉后各分散。
永结无情游，相期邈云汉。

【古人点评】

严沧浪曰：饮情之奇。于孤寂时，觅此伴侣，更不须下酒物。且一叹一解，若远若近，开开阖阖，极无情，极有情。如此相期，世间岂复有可“相亲”者耶？

——［日］近藤元粹《李太白诗醇》

山中与幽人对酌

两人对酌山花开，一杯一杯复一杯。
我醉欲眠卿且去，明朝有意抱琴来。

【古人点评】

太史公《淳于髡传》云：“操一豚蹄，酒一盂。”夫叙事犹尔，所谓“一胡卢酒一篇诗”，自有七立，无此句法也。或曰：李白不云乎“一杯一杯复一杯”？余曰：古者豪杰之士，高情远意，一寓之酒。存所感发，虽意于饮，而饮不能自已则又饮，至于三杯五斗，醉倒而后已。是不云尔，则不能形容酒客妙处。夫李白意先立，故七字六相犯，而语势益健，读之不觉其长。……唯第三句，若有意而语亦不工。

——宋·胡仔《苕溪渔隐丛话》

独坐敬亭山

众鸟高飞尽，孤云独去闲。
相看两不厌，只有敬亭山。

【古人点评】

严沧浪曰：与寒山一片石语，唯山有耳；与敬亭山相看，唯山有目：不怕聋聩杀世上人。古人胸怀眼界，直如此孤旷。潘云：不同鸟与云之易舍，是人不厌山；不同鸟与云之暂对，是山不厌人：故谓之“两”。然山无情，人有情，止成“独坐”而已。

——［日］近藤元粹《李太白诗醇》

春夜洛城闻笛

谁家玉笛暗飞声，散入春风满洛城。

此夜曲中闻《折柳》，何人不起故园情。

【古人点评】

唐人作闻笛诗每有韵致，如太白散逸潇洒者不复见。

——明·高棅《批点唐诗正声》

春宵人静，闻笛声悠扬，及聆其曲调，不禁黯然动乡国之思。释贯休《闻笛》诗云：“霜月夜徘徊，楼中羌笛催。晓风吹不尽，江上落残梅。”同是风前闻笛，太白诗有磊落之气，贯休诗得蕴藉之神，大家名家之别，正在虚处会之。

——近代·俞陛云《诗境浅说续编》

后记

在后人眼里，李白不是神仙也胜似神仙。

中国人，几乎没有不知道李白的。就算对唐诗毫无兴趣的人，也能随口吟出：“天生我材必有用，千金散尽还复来。”

太白先生，实在是我们青春梦想的完美化身。

他好像永远不知疲倦，永远精神焕发，永远滔滔不绝，他回转身来，就是：“安能摧眉折腰事权贵，使我不得开心颜！”他昂首迈开，就是：“仰天大笑出门去，我辈岂是蓬蒿人！”

他好像不知道什么叫害怕，天上来的黄河水，就笑看它怒吼而过，奔向东海；他好像不知道什么叫孤独，一阵狂风，就能将他带到朋友的身边；他好像不知道什么叫忧愁，一壶好酒，就能让他立刻激昂青云！

他有的是勇气和信心，一切困难与挫折，都可以用胸中的朝阳冲决：“朝辞白帝彩云间，千里江陵一日还。”他有的是才情和力量，一切的梦想与追求，都可以在不久的将来实现：“长风破浪会有时，直挂云帆济沧海。”

这就是我们这个民族伟大的浪漫诗人。他站在一千多年前的大地上，朝着过去与未来，唱出他心中全部的喜悦、愤怒与狂想，中华民族的个性，因他的歌唱而绽放出最绚烂的光彩。

我喜欢李白，仰慕他，崇拜他，追随他。止不住要将他的故事讲给更多的人听，写给更多的人看，我敢肯定，这本身就是特别热爱的一种表情。现在，这本小书呈现在大家面前，期待大家因为喜欢李白而顺便喜欢这本书。

感谢中华书局的徐俊、顾青先生，感谢申作宏、陈虎、傅可、孙永娟等各位先生、女士，他们为了这本书费了很大功夫！感谢我的学生周云磊、向飞、余丹，她们帮我认真核校书稿、处理庶务，付出很多心血！感谢妻子照顾家庭！感谢儿子阳光健康，蓬勃向上，并为本书题写书名！书中小画，纯属业余爱好，得益于《芥子园画传》，谨表谢意！感谢读者朋友的多年支持！

李白曾有诗云："白日何短短，百年苦易满。"我的父母均已年逾八旬，身体还算康健，我真是有福之人，愿将这本小书献给最亲爱的爸爸妈妈，祝您们幸福长寿！

康震

2017 年 7 月 7 日小暑